KB212318

요한의 고백

요한의 고백

박요한 지음

차
례

1부 - 나의 고백

2부 - 사랑의 고백

3부 - 소명의 고백

추천사

따뜻한 자기 고백이 한 권의 책으로 엮어졌습니다. 순탄하지 않았던 삶이지만 언제나 등 뒤에서 지원해 주시는 하나님을 고백서의 한 중앙에 놓고 찬양합니다. 비록 원망과 분노가 그를 휘감기도 했었지만, 끝내 이를 하나님의 섭리로 받아들입니다. 생모를 만나 그가 보인 고백은 마치 요셉이 애굽의 총리로서 형들을 다시 대면했던 장면과 같은 모습입니다. 그리고 가슴으로 낳아 주신 어머니의 임종 앞에서 그는 또다시 하나님이 함께하셨음을 고백합니다. 아마도 이러한 삶의 향내가 그가 부르는 찬양 곳곳에 배어 많은 이의 마음을 울리는 것 같습니다.

박요한 형제의 잔잔한 고백을 읽어 내려가는 독자들도 먼저 하나님의 신실하심을 발견하게 될 것입니다. 삶의 침울한 그늘 속에서 하나님의 손길이 멀다고 느끼는 분들에게 이 책이 위로를 가져다 줄 것입니다.

_ 삼일교회 **송태근** 목사

성경에는 입양된 두 사람이 있습니다. 모세와 사무엘입니다. 모세는 불가항력적인 외부 환경에 의해 입양되었고 사무엘은 어머니의 신앙에 의해 제사장에게 입양되었습니다. 성경은 이 두 사람의 입양을 하나님의 섭리로 해석합니다. 환경이나 개인적인 의지에 의해서 이루어진 입양이지만, 하나님의 선(先) 개입과 선(善) 개입을 전제로 하기 때문입니다.

하나님의 사람에게 우연은 없습니다. 하나님에게 대충이란 없습니다. 하나님은 언제나 완벽한 과정과 결과를 창조하시는 분입니다. 참된 믿음은 앞서 계획하시는 분의 개입을 믿는 것입니다. 그리고 인생의 수준은 이 믿음에서 결정됩니다. 박요한 전도사의 간증을 읽으며 저절로 하나님을 찬양하게 되었습니다. 하나님의 선(先) 개입과 선(善) 개입을 보았기 때문입니다. 박요한 전도사 인생에서 이미 시작하셨고, 앞으로도 계속 펼쳐 가실 하나님의 착한 역사가 기대됩니다. 또한 이 책을 읽으면서 저를 향한 하나님의 선(先) 개입과 선(善) 개입 또한 다시 확인할 수 있었습니다. 이 책을 읽는 모든 분께도 이런 기적이 일어날 것을 믿습니다.

_ 삼호침례교회 **안철웅** 목사

하나님의 축복을 받은 입양아 박요한!

사람들은 저마다 크고 작은 아픔과 상처를 가지고 살아갑니다. 그 중 어떤 사람은 상처의 터널 속에서 아픔을 꽁꽁 싸매며 감추고 있는 반면 어떤 사람은 터널 밖으로 하루빨리 나가기를 기대하면서 하나님의 치료를 경험하며 한발 한발 걸어갑니다.

「요한의 고백」은 터널 밖으로 이제 막 나와 말할 수 없이 아팠던 고통만을 이야기하고 있지 않습니다. 그 안에서 하나님의 역사하심과 인도하심 그리고 그분의 치료하심을 찬양합니다. 저희는 이 글을 읽으며 함께 울었습니다. 그리고 함께 회복하였습니다. 지금 이 순간도 가슴이 떨리며 요동치고 있습니다.

<시편> 30편 11절 말씀대로 우리의 슬픔을 기쁨의 제사로 만드시는 하나님이므로, 그분을 찬양할 수밖에 없다는 사실을 다시 확인하게 되었습니다. 그리고 그 속에서 하나님의 위대하심만을 볼 수 있었습니다. 존경하는 친구이자 동역자 박요한 전도사를 진심으로 축복하고 사랑합니다.

_ CCM 가수 **유은성** & 탤런트 **김정화** 부부

사람은 환경에 의해 습관이 몸에 배이며 성품이 만들어져 간다고 생각합니다. <축복의 사람> 박요한 형제는 언제나 밝고 친절한 미소와 상냥함이 몸에 배어 있는 사람입니다.

이 책을 통해 하나님이 태초부터 영원히 박요한 형제의 삶을 붙드시고 계획하시고 인도하신다는 사실을 다시금 깨닫게 되었습니다. 고난이 유익이라고 하신 하나님의 말씀은 언제나 큰 힘이 되고 삶이 됩니다. 이 땅의 외로움과 아무도 모를 고민을 마음 깊이 품고 살아가는 모든 이에게도 요한 형제의 고백이 든든한 힘으로 다가갔으면 합니다. 그로 인해 삶의 고난과 눈물 골짜기를 통과하고 소망의 언덕에 올라서서 그와 함께 하나님에게 감사드리길 기대합니다.

또한 그 사역을 위해 지금까지 박요한 형제를 인도해 주신 하나님의 은혜에 감사하드리며, 앞으로도 그의 사역과 삶을 더 기대해 봅니다. 부디 그의 이야기가, 하나님 은혜의 기억을 잃어버린 한국 교회와 많은 사람들에게 큰 도전과 격려가 되길 바랍니다. 그리고 기도하겠습니다.

_ CCM 가수 **최인혁**

하나님의 긍정. 박요한의 책을 읽으며 가장 먼저 떠오른 이 생각은 마지막 장을 넘기고 나서도 계속되었다. 사람들은 자신의 믿음을 지키려고 애를 쓴다지만, 사실은 하나님을 믿는 믿음이 그 사람을 지키고 인도하고 마침내 거룩한 성숙에 이르게 한다. 믿음은 자신이 만들어가는 것이 아니라, 하나님의 선물로 주어지는 것이기 때문이다.

"형은 진짜 엄마, 아빠도 없으면서!"

초등학생 때 사촌으로부터 날아와 그의 가슴에 깊게 꽂힌 날카로운 충격도 "어머니는 정말 아름다운 분이셨다."는 말로 녹여 버리는 하나님의 긍정은, 그를 아름다운 청년으로, 이 책을 가치있는 것으로 만들기에 충분하다. '아름답다'는 말은 경험과 지식과 아픔과 고통과 기쁨으로 축적된 '앎'을 살아, '다워'지는 것이다. 그의 아름다움이 그리스도의 장성한 분량에 이르기까지 계속될 것이라 믿는다.

_ 포이에마 예수교회 **신우인** 목사

요한 형제는 밝고 맑은 사람이라 그 이름 '요한'이 잘 어울렸습니다. 열두 제자 중에 막내로 예수님의 사랑을 특별히 받았던 사도 요한처럼, 그렇게 누구에게나 사랑 받고, 누구나 사랑할 수 있는 복 받은 사람의 사람이라 느꼈습니다. 부잣집 외동아들로 남부럽지 않게 자랐을 것 같은 그에게 이토록 깊은 아픔이 있었는지는 짐작도 못하였습니다. 그가 자신의 아픔을 가슴을 헤치고 풀어 나누기를 결심하고 책을 펴냈습니다. 그 첫 장을 읽기 시작하면서부터 눈시울이 붉어져서, 마침내는 눈물을 훔쳐내며 읽어야 했습니다.

결코 자신의 실수가 아님에도 깊은 아픔을 가지고 살아가야 하는 많은 입양인들에게는 엄청난 위로의 선물이 될 것이고, 일상적으로 사는 사람들에게는 내 곁에 있는 사랑하는 이들의 아픔을 이해하는 좋은 기회가 될 것이라 생각합니다. 세상에 아픔 없이 사는 사람이 있을까요? 자신들의 아픔을 기꺼이 내어 놓고 나누면서, 오히려 치유와 사랑의 교제가 더욱 깊어지는 또 하나의 기회가 되었으면 좋겠습니다. 그의 양어머니의 기도처럼, 앞으로 하나님께서 온전하게 쓰시는 거룩한 종이 될 것이라 굳게 믿습니다.

_ 동숭교회 **서정오** 목사

사랑하는 동생이자 사랑하는 동역자인 박요한 목사의 고백이 담긴 「요한의 고백」 재출간을 축하하며 아마 재출간되기를 가장 바랬던 사람 중에 한명이 제가 아닐까합니다. 사역을 시작하며 박요한 목사가 워킹이란 팀에서 기대라는 찬양을 부를 때부터 알고 지내는 사이였지만 그전까지 믿음 좋고 인물 좋고 찬양 잘하는 동생의 모습으로 알고 있습니다.

어느날 갑자기 저에게 고백해 주었던 지난날 시간의 간증이 참 귀하기도 하고 고맙기도 하고 그동안 알던 모습에서 새로운 마음으로 박요한 목사의 진심을 보게 되었답니다. 정말 많은 다음세대와 부모님들에게 요한의 고백이 전해지길 바래봅니다. 정말 하나님의 은혜로 이루어가는 이땅의 천국 가족의 소망이 그대로 잘 전달이 되어지고 다시금 함께 서로 사랑하며 나에게 우리에게 주어진 미래를 은혜 가운데 만들어 가는 작은 방법을 찾을수 있겠지요. 부디 더 아름다운 요한의 고백이 퍼져가길 소망하며 기도합니다.

_ 징검다리 선교회, 번개탄 지킴이 **임우현** 목사

아름다운 사람, 박요한. 그는 하나님이 보내신 소명자 입니다. 그의 고백처럼 하나님께서는 분명 그를 모태에 짓기 전부터 아셨기에 어린 미혼모의 몸으로도 그 작은 생명을 포기하지 않고 지켜내게 하셨습니다. 생후 이틀째 엄마의 품을 떠나는 이별을 경험해야 했지만 믿음의 가정에 뿌리 내리게 하셨고, 아들을 위해 쉬지 않고 무릎 꿇어 기도하는 어머니를 곁에 두셨습니다.

그리고 지금 그는 자신의 어린 시절처럼 세상에 홀로 남겨진 아기들, 그의 친생모처럼 두려움 속에 있는 어린 엄마들, 그렇게 상처받은 이들을 가슴에 품고 귀한 축복의 통로가 되고 있습니다. 수많은 사랑이 고아와 과부와 나그네에게로 흘러가고 있는 것입니다. 이것은 진정 기적입니다. 하나님께서는 그를 통해 계획하신 일이 있기에 입양이라는 하나님의 특별한 아이디어를 써서 축복의 사람으로 세우신 것입니다. 앞으로도 <요한의 고백> 이 책에서 또한 그가 서는 말씀과 찬양의 자리에서 일어날 하나님의 역사를 기대합니다. 더불어 우리 박요한 목사의 삶 가운데 늘 하나님의 은혜가 가득하기를 진심으로 기도합니다.

_ 홀트아동복지회 이사장 **말리홀트**

— 여는 글

38년 만의 고백

오랜 잠에서 깨어나 삶의 여정을 되짚어간다. 길고 긴 잠에서 깨어난 기분입니다. 의식의 망각 속에 오랜시간 갇혀 있었던 기분, 아니 어쩌면 그 반대인 의식적으로 나의 존재, 나의 정체성을 고정시킨 채 살아왔는지도 모릅니다. 출생의 비밀을 깊이 간직한 채 말이지요.

저는 1976년 11월 어느 겨울날 대한민국 서울에서 입양되어 38년을 살았습니다. 그런데 왜 그 기나긴 침묵을 깨고 38년이 지난 지금, 이 고백을 하게 되었는지에 대한 이야기를 풀어 가려 합니다.

먼저 제 자신에게 이 질문을 던져 봅니다.

'나는 왜 이제야 그 침묵을 깨려고 하는 것일까?'

그런데 대답은 의외로 간단합니다.

그것은 바로 저를 만드신 주님이 저를 알고 계획하고 또 가슴으로 품어 주셨기 때문에 그 예수님의 사랑으로 길러 주실 양부모를 만나, 이렇게 건강하게 잘 자랄 수 있었다는 것을 고백하기 위해서입니다. 더 나아가 하나님은 저에게 '축복의 사람'이라는 타이틀을 허락하셨고, 주님의 사랑을 전하는 축복의 통로로 저를 사용하신다는 놀라운 사실을 고백해야 하기 때문입니다.

또한 하나님은 이 특별한 은혜를 고백하지 않고는 저를 견딜 수 없게 만드는, 귀한 동역자들을 만나게 하셨습니다. 자신의 숨기고 싶은 과거를 철저히 드러내고 진정 자신을 버리고 복음을 증거하며 목숨을 다하는 사역자들을 만나게 하셔서, 어느 순간 제 삶에 안주하며 만족하고 살았던 가식의 탈을 발견하게 하셨습니다. 그 모습은 제 삶에 하나님이 주시는 은혜의 척도를 스스로 판단하고 자위하며 만족해 하던 사역자의 모습이었습니다.

그렇게 스스로를 합리화하는 자신을 발견하고 나니 너무나 큰 부끄러움에 어디에라도 숨고 싶은 마음이었습니다. 나를 건져 주신 주님의 놀라운 은혜에 대한 감격과 감사를 잊어버리고 나에게 마땅히 주어진 삶이라 여겨 왔던 인생을 회개하며 이글을 적어 내려갑니다.

육신의 부모에게 버림받고 누구보다 상처 받은 밑바닥 인생으로
살 수도 있었지만, 만물의 근원되신 창조주 아바 아버지께서 저를
아시고, 구별하시고, 사용하셔서 새로운 이야기를 다시 써 주셨습
니다. 그 기적의 이야기를 전하지 않고는 저의 벅찬 은혜와 감격을
주체할 수 없었습니다. 그리고 제 삶에 큰 상처로 남을 수 있었던
이 특별한 스토리를 주신 주님에게 감사드리며 하나님의 그 놀라
운 섭리를 전하고 싶었습니다.

사실 이 글을 쓰기 전에 큰 걱정과 두려움이 있었습니다. 이 책을
읽게 될 많은 분, 특히 저와 가까운 분들에게는 참으로 충격적인 이
야기가 될 것이기 때문입니다. 따라서 미리 말씀드릴 수 없었던 부
분들까지도 이 책에 담아내려 합니다.

이 책을 쓰면서, 마치 어마어마한 인생의 퍼즐 조각들이 하나씩
하나씩 맞춰지는 것을 느꼈습니다. 따로 떨어져 있을 때는 깨닫지
못했던 전체의 내용들이 하나님의 손에서 하나씩 채워지고 맞춰
지니 하나의 놀라운 이야기가 되었고, 이 모두가 하나님의 계획이
었음에 놀라지 않을 수 없습니다. 이제 그 퍼즐이 어떻게 맞춰지
는지 그 놀라운 계획하심을 여러분도 함께 경험해 보기 바랍니다.

하나님의 정체성! 그것을 다시 발견하고 회복하는 것은 무엇보
다 중요합니다. 하나님은 분명한 목적과 계획으로 우리를 만드셨
는데, 우리의 강한 자아가 우기는 바람에 주님의 일이 중단되고 있
다면 얼마나 안타까운 일이겠습니까?

버려진 한 아이가 하나님에게 붙들린 후로, 축복의 통로인 '축복의 사람'이 되었습니다! 이 책은 바로 그 인생의 주관자 되시는 하나님의 놀라운 역사하심에 대한 고백입니다.

38년 만의 고백! 바로, 요한의 고백을 이제 시작합니다.

박요한

내가 너를 모태에 짓기 전에 너를 알았고

네가 배에서 나오기 전에 너를 성별하였고

너를 여러 나라의 선지자로 세웠노라 하시기로

(예레미야 1:5)

—
재
출
간
하
며

10년 만의 재출간

    2013년 9월 '요한의 고백'이 첫 출간된 이후, 10여년만에 다시 새로운 디자인으로 인사드리게 되었습니다. 10년 전 하나님께서 처음으로 입양인의 삶을 고백하게 하시고 나누게 하셨을 때 그저 순종하는 마음으로 책의 머리말을 적어내려가기 시작했던 기억이 생생한데, 지난 시간 동안 하나님께서는 그 고백 이후에 너무나 많은 하나님의 일하심을 경험하게 하셨습니다.

    교회집회와 강연 현장에서 책에 대한 문의를 많이 해 주셨는데, 그저 인터넷으로 안내를 드리는 일들을 반복하다가 귀한 출판사를 만나고 많은 도움을 주셔서 이렇게 멋지고 아름다운 책으로 다시 인사를 드리게 되어서 제게도 너무나 큰 감사이고 기쁨입니다.

국내 입양인의 고백을 통해 홀트 아동복지회, MPAK(한국입양홍보회), 위드맘(미혼모 자립시설) , 월드비전의 홍보대사로 동역할 수 있게 하셨고, 책 속의 내용이었던 천국에 계신 어머니의 눈물의 서원기도가 이루어져서 이제는 목사가 되었고 프렌즈교회를 개척하고 복음을 전하는 삶을 살아가고 있습니다.

출판사로 보낼 책의 원고를 다시 한번 살펴보는데 어떻게 내가 지금 이 자리까지 올 수 있었을까? 어떻게 내가 이런 큰 은혜를 누리고 있었을까?를 다시금 깊은 감격으로 고백하게 됩니다.

특별히 지금 이글을 적고 있는 시기가 예수님이 십자가의 고난의 길을 걸어가신 고난주간이어서 제게는 더욱더 남다른 감사의 눈물이 흘러나옵니다.

이 찬송[1]의 고백을 계속 되내이게 되네요.

> 웬 말인가 날 위하여 주 돌아가셨나
> 이 벌레같은 날 위해 큰 해 받으셨나
>
> 내 지은 죄 다 지시고 못 박히셨으니
> 웬 일인가 웬 은혠가 그 사랑 크셔라

---

1 찬송가 143장 <웬 말인가 날 위하여> I. Watts, 1707 / H. Wilson, 1800

주 십자가 못 박힐 때 그 해도 빛 잃고
그 밝은 빛 가리워서 캄캄케 되었네

나 십자가 대할 때에 그 일이 고마워
내 얼굴 감히 못들고 눈물 흘리도다

늘 울어도 눈물로써 못 갚을 줄 알아
몸 밖에 드릴 것 없어 이 몸 바칩니다

　　지금은 천국에 계시는 홀트 아동복지회 이사장이셨던 말리 홀트 여사께서 저에게 이런 말씀을 해주셨습니다. 홀트를 통해서 입양된 국내 입양인이 건강한 성인으로 성장해서 본인의 고백을 당당하게 나눠주셔서 너무 감사하다고 말이죠.

　　입양은 사회적 시각으로 바라볼 때 여전히 편견의 사각지대에 있는 부분일 지도 모르겠습니다. 당사자의 고백이 오히려 본인에게 핸디캡이 되어 불합리한 처우를 받을 수도 있는 불안과 두려움이 존재할 수도 있으리라 생각합니다. 그러나 저의 입양고백은 훨씬 더 영적인 부분의 고백이었음을 다시금 깨닫게 됩니다.

　　고아같이 저를 버려두지 않으시고 나를 자녀 삼아주신 하나님 아빠 아버지와의 극적인 재회(?)라고 표현하는게 가장 가까운 제 마음일 것 같습니다. 제가 말씀을 나누는 자리에서 자주 주제말씀으로 삼는 본문이 있습니다.

> 너희는 다시 무서워 하는 종의 영을 받지 아니하고
>
> 양자의 영을 받았으므로
>
> 우리가 아빠 아버지라고 부르짖느니라
>
> (로마서8:15)

살아계신 하나님께서 죄와 사망과 어둠의 권세 가운데 비참한 종의 모습으로, 노예의 삶으로 고아처럼 살아가는 제 인생 가운데 예수 그리스도의 십자가 사랑으로, 보혈의 능력으로, 용서의 기적으로 말미암아 양자의 영을 보내주셔서 그분의 자녀, 곧 상속자로 삼아 주셨습니다.

세상이 저를 속이고 삶이 저를 힘겹게 할 지라도 저는 더 이상 두렵지 않습니다. 예수 그리스도의 참 평강이, 샬롬의 은혜가 제 속에 가득하기 때문입니다. 이제는 이 놀라운 선물을 저 혼자만 누리는 게 아니라 하나님이 보내신 곳곳에서 나누는 삶을 살게 하시니 그것이 바로 하나님 아빠 아버지의 완벽하고도 놀라운 계획이 아닐까요?

하나님은 우리의 삶을 통해 오늘도 그분의 이야기를 펼쳐 가십니다.

　요한의 고백을 재출간하며 이 글을 읽고 계신 여러분 각자의 삶 속에서 아름다운 예수 그리스도의 향기가 흘러가게 될 줄로 믿습니다.

예수님의 사랑을 담아 축복을 전하며

프렌즈교회 박요한 목사 올림

1부

나의 고백

어
머
니
를
찾
다

"여보세요?"

"네! 여기 홀트입니다."

"……네?! 아, 네…….”

2013년 1월 29일 오후 2시경 나는 CCM 듀오 <축복의 사람> 4집 정규 앨범 인사차 서울의 몇몇 서점을 방문하던 중에 한 통의 전화를 받았다. 수화기 너머로는 홀트아동복지회 팀장님의 흥분된 목소리가 들려왔다.

"일전에 문의하신 친어머니와 연락이 닿았습니다."

"……."

내가 아무 대답이 없자 팀장님은 다시 한 번 말씀해 주셨다.

"여보세요? 요한 씨의 친어머님 연락처를 알게 되어서 통화가 되었습니다."

"……."

그때 나는 뭐라 형용할 수 없는 벅찬 마음으로 눈물이 터져 나올 듯했지만, 타고 있던 차에 동승한 사람들이 있어서 이를 악물고 감정을 꾹꾹 눌렀다.

"아, 네네! 그럼 어떻게 되는 거죠? 제가 만나 뵐 수 있는 것인가요?"

나는 벅찬 마음을 다스리며 태연한 듯이 물었지만 내 목소리는 이미 떨리고 있었다. 왜냐하면 내가 살면서 가장 궁금했던 질문이었고, 가장 애타게 기다렸던 답이기 때문이다.

'나의 생모는 어떤 분이실까?', '살아계실까?', '이 한국 땅에 계실까?', '만약 이 하늘 아래 있다면 찾을 수 있을까?', '확인이 된다 해도 만날 수 있을까?', '내가 어머니를 찾는다는 사실을 알면 어머니는 어떤 반응을 하실까? 얼마나 놀라실까? 아니면 나를 만나는 것이 부담스러우실까?'

나는 어머니를 만나 뵐 수 있겠냐는 질문을 던져 놓은 다음 팀장님의 대답을 기다리는 그 짧은 순간에도 머릿속 수많은 질문이 화산 폭발처럼 터져 나오고 있었다. 그때 팀장님의 답변이 들려왔다.

"네! 어머님에게 아드님의 의사를 전달했더니 만나길 원하세요.

정말 축하드려요! 이번 주 금요일 오후에 뵐 수 있을 것 같은데, 어떠신지요?"

"네네! 저는 좋습니다!"

"그럼 자세한 약속 시간과 장소를 정해서 다시 알려 드릴게요! 다시 한 번 정말 축하드립니다!"

"아, 네네. 감사합니다. 정말 감사합니다."

전화를 끊었을 때 내 심장 소리는 마치 서라운드 스테레오에서 울리는 듯했다. 심장은 방망이질하듯 뛰었고, 머리는 거대한 망치로 한 대 얻어맞은 듯 멍했다.

달리는 차 안에 함께 있던 일원들은 여전히 대화를 나누는 중이었고, 나는 사력을 다해 북받쳐 오르는 감정을 조절하며 아내에게 문자를 보냈다.

'여보, 홀트아동복지회에서 전화가 왔어요. 친어머니를 만날 수 있을 것 같아요.'

곧바로 아내의 답이 왔다.

'오…… 주여!'

바로 그것이었다! 아내의 문자에 담긴 짧은 글은 내가 그 순간 큰 소리로 외치고 싶었던 이름이었다.

'오! 주여! 아버지! 이런 꿈같은 일이 제게 일어나는군요. 드라마나 영화에서만 보던 그 상황이 제게도 일어나다니요!'

빨리 아내를 만나서 이 두근거리는 마음을 함께 나누고 싶었다.

하지만 흥분을 진정시키며 조용히 기도를 드렸다.

'주님, 이 모든 상황을 오직 주님 뜻대로 인도해 주세요. 지금 저에게 닥쳐온 이 상황은 도저히 저 혼자의 힘으로는 감당이 안 됩니다. 정돈되지 않는, 이 분주한 마음을 주님의 평안함으로 채우시고 이끌어 주세요! 예수님의 이름으로 기도합니다. 아멘.'

나는 TV 프로그램 중에 <순간포착 세상에 이런 일이>라는 방송을 자주 보곤 했다. 우리 주변에서 쉽게 일어날 수 없는 일들이나 쉽게 볼 수 없는 사람들, 또는 현상들을 다룬 프로그램인데, 현재 10년 넘게 방송 중이다. 그 장수 비결은 과학적으로 설명할 수 없는 기상천외한 일들에 대해 사람들이 끊임없는 관심을 보이기 때문이 아닐까? 그런 일들은 대개 인간의 지식으로는 알 수 없고, 파헤칠 수 없는 불가사의한 일들이기에 더욱 집착하게 되는 것인지도 모른다.

38년 만에 낳아 주신 어머니를 찾은 일도 그렇다. 태어나서 수십 년만에 처음으로 친어머니를 만난다는 것은 결코 일반적이지 않은 일이다. 그러나 나는 이 일이 뜻밖이라고 생각하지 않기로 했다. 왜냐하면 하나님이 예비하신 계획 중 하나이기 때문이다.

예상 밖의 일들을 대하는 그리스도인들의 시각은 분명 달라야 한다. 그리스도인들은 하나님이 만들어 가시는 큰 그림 안에 속한 사람들이기 때문이다. 지금 현실에서 일어나는 일들이 우리의 상식으로는 도저히 헤아릴 수 없을지라도, 그 일들은 하나님의 계획 가운데 있다. 알게 모르게 하나님이 계획하신 우리 인생의 퍼즐이 맞추어지고 있는 것이다.

바람이 눈에 보이지는 않지만 매 순간 느껴지는 것처럼, 우리는 살아계신 하나님의 위대하심을 인정해야 한다. 나는 그런 마음을 가진 사람들이 온 세상에 가득하길 꿈꿔 본다. 그리고 지금은 비록 알 수 없다 해도 모든 상황과 환경을 통해 역사하시는 주님을 늘 기대한다.

우리가 알거니와 하나님을 사랑하는 자
곧 그의 뜻대로 부르심을 입은 자들에게는
모든 것이 합력하여 선을 이루느니라

(로마서 8:28)

38년 만이다

금요일 아침이 되었다. 며칠 전 홀트아동복지회 팀장님과 통화할 때 만나기로 약속한 날인데, 아무 연락이 오지 않았다.

'어머니가 시간이 안 되셨나? 아니면 혹시 어머니의 마음이 바뀌셨나? 어머니에게 갑자기 무슨 일이 생긴 것은 아닐까?'

또다시 짧은 시간 동안 많은 생각이 머리를 스쳐 갔다. 그래서 나는 홀트아동복지회로 전화를 걸었다.

"안녕하세요! 박요한이라고 합니다. 팀장님 계신가요?"

"아뇨, 지금은 부재중이신데요?

"아, 그럼 메모 좀 남겨 주세요. 감사합니다!"

그렇게 전화를 끊고 연락을 기다리는데 소식이 없자 '오늘 약속은 취소됐나 보다.'라고 생각했다. 그리고 만약 취소가 됐다면 어떤 이유인지 궁금하면서 내심 걱정도 되었다.

'어머니를 못 만나게 되는 것일까?'

나는 부정적인 생각을 애써 떨쳐냈다.

보통 금요일에 다른 일정이 없으면 저녁에 드리는 '금요 경배'와 예배 시간 전까지, 그동안 진행하지 못했던 프로젝트를 정리하거나 아이들을 돌보며 휴식하는 등 개인 시간을 보낸다. 그날 오후도 그렇게 개인 시간을 보내고 있는데, 오후 다섯 시경쯤 잠이 몰려와 깜빡 잠이 들었다. 그때 휴대전화 벨 소리가 아득하게 들렸다. 그런데 막 잠이 들 무렵이어서 움직이기가 싫었다. 그렇게 첫 번째 전화가 끊어지고, 이내 또다시 전화벨이 울려왔다. 하지만 너무 졸리고 피곤해서 두 번째 전화 역시 내버려 두었다. 이윽고 세 번째 벨이 울렸다. 잠이 덜 깬 몽롱한 상태였지만 순간 전화를 받아야겠다는 생각이 들었다.

'세 번 연속으로 전화가 오는 걸 보면 무슨 급한 일인 것 같은데 받아야 되나? 아…… 그런데 몸이 움직이질 않네……."

그렇게 몽롱한 상태로 전화벨이 끊어지기만을 기다리다가 갑자기 정신이 번쩍 드는 생각이 있었다.

'혹시 홀트에서 온 전화 아니야?!'

순간 나는 용수철처럼 뛰어 올라 재빨리 달려가 전화를 받았다.

그리고 목소리를 가다듬을 새도 없이 입을 열었다.

"여보세요?"

"아, 네! 홀트입니다. 어디쯤 오셨나요?"

"……."

"여보세요? 박요한 씨, 거의 도착하셨나요?"

"네? 도착하다니요?"

"어? 오늘 약속인 거 잊으셨어요?"

"네?!"

순간 '아, 뭔가 꼬였구나.' 하고 일이 잘못되어 간다는 생각이 반사적으로 들었다. '어떻게 된 거지?' 나는 급히 팀장님에게 여쭤 보았다.

"팀장님, 오늘 만나기로 한 약속이 확정되었던 것인가요?"

"네! 그럼요! 어머님은 이미 여기에 와 계시는데요?"

'오, 주여! 이게 어찌된 일이지? 난 아무 연락도 못 받았는데…….
전화도, 문자 메시지도 아무것도 못 받았는데, 어떻게 된 거지?'

"팀장님, 저는 오늘 약속이 확정된 줄 모르고 있었어요. 최종 연락을 못 받아서요……."

"아! 그래요? 어머, 이를 어째요……. 저는 어머님과 약속 시간을 잡은 후 확정이 되었다고 생각하고 요한 씨에게 연락을 못 드렸네요. 정말 죄송합니다. 그런데 어쩌죠? 어머님이 이미 와서 기다리시는데……."

머릿속이 하얘졌다. 전혀 생각지도 못한 일이 갑작스럽게 닥쳐
오니, 이 상황을 어떻게 대처해야 할지 막막하기만 했다.

'아, 이게 뭐야……. 처음으로 어머니를 만나는 약속 시간에 못나
가게 되다니…….'

갑자기 일이 틀어지고 꼬인 것 같아서 화도 나고 불평 섞인 원망
의 마음이 생기기 시작했다. 그런데 그때, 나와 마찬가지로 당황하
신 팀장님이 말씀하셨다.

"혹시 지금 바로 오실 수 있으세요? 어머님은 기다릴 수 있다고
하시네요."

"아, 그, 그래요? 그럼 제가 최대한 빨리 준비해서 출발하겠습
니다!"

"네! 그럼 그전에 먼저 어머님과 통화해 보시죠?"

"네? 통화요?"

팀장님은 다짜고짜 어머니를 바꿔 주려고 하셨다.

'마음의 준비'가 필요한 때가 있다. 마인드 컨트롤을 해야 하는
순간을 말하는 것이다. 나 역시 지금까지의 삶을 돌아보니 내 앞
에 놓여 있는 숙제들 앞에서 심호흡 한 번 길게 하고 준비를 해야
했던 적이 있었다. 그런데 지금까지 내가 처했던 상황들과는 차원
이 다른 일이 순식간에 눈앞에 벌어진 것이다. 38년 만에 친어머니
를 만나게 되다니, 이는 드라마나 영화에서 보았을 법한 스토리였
다. 그런데 바로 그 친어머니를 만나는 이날, 자칫하면 그 첫 만남

이 무산될 수 있었지만 극적으로 다시 만남이 진행됐다. 게다가 만남에 앞서 친어머니의 목소리를 먼저 듣게 되는 상황이 온 것이다!

이 상황은 지금까지의 경험으로도, 순간적인 잔머리로도, 내 인생의 멘토에게서도 해답을 얻을 수 없는, 드라마틱한 상황 그 자체였다.

'뭐라고 인사를 드리지?', '무슨 말을 어떻게 해야 하지?'

가슴은 두근거림으로 요동을 쳤지만 막상 머리는 막막했다.

평소 나는 친어머니를 만나게 되면 절대 하지 않겠다고 다짐한 것이 있었다. 그것은 바로 눈물을 흘리지 않는 것이다. 그 이유는 내가 사나이여서도, 창피해서도 아니다. 내가 울면 친어머니의 마음이 더 아플 것이기 때문이다. 그렇게 준비했던, 결연한 의지이자 계획이 이제 막 실행을 앞두고 있었다. 팀장님은 어머니를 바꿔 주셨다. 나는 머릿속이 아득해지는 것을 느끼면서 먼저 입을 열었다.

"여보세요?"

"……."

"여보세요……?"

그때 어머니의 첫 인사, 첫 목소리가 들려왔다.

"안녕……?"

어머니의 인사는 깊은 흐느낌과 함께 전해졌다.

"안녕……."

그것은 38년 만에 듣게 된 친어머니의 목소리였다. 흐느낌을 억

누르며 나에게 건넨 첫마디. '안녕……'

"아, 네, 저…… 오늘 뭔가 착오가 있어서 약속 시간 전달이 잘 안 되었네요. 최대한 빨리 준비해서 가겠습니다!"

'아…… 이게 뭐지……?'

어머니의 '안녕'이라는 첫인사에 왜 그렇게 투박하게 대답했는지 모르겠다. 내 마음이 전하고 싶었던 첫인사와는 너무나 다른, 지극히 사무적이고 형식적인 말을 던진 내 스스로가 당황스러웠다.

'아, 내가 지금 무슨 소리를 한 거지?'

'엄마, 안녕하세요. 엄마, 저예요. 너무 만나고 싶었어요. 목소리 정말 듣고 싶었어요.' 이렇게 하고 싶은 말들이 많았는데 왜 한마디도 나오지 않았는지 당황스러웠다. 순간 내 자신이 너무 바보 같다는 생각이 들었지만, 최대한 빨리 움직여야 했기에 전화를 끊고 급히 준비해서 집을 나섰다.

쉽게 진정되지 않는 떨림을 느끼며 차에 올라타니, 뭐라고 표현할 수 없는 두려움이 엄습해 왔다. 어머니를 만나서 어떻게 행동해야 할지, 호칭은 어떻게 해야 할지, 눈물이 나면 어떻게 해야 할지, 어머니와 손도 잡고 안아드리고 싶은데 어색하면 어쩌나 하는 생각을 하면서 걱정 반, 두려움 반이었다. 그 순간 나는 핸들을 잡고 기도했다.

'하나님! 저와 함께해 주세요! 지금 어머니를 만나러 출발합니다. 제 생각, 제 입술, 제 마음을 주께서 다스려 주세요. 가는길도 막히지 않고 안전하게 잘 도착할 수 있도록 도와주세요. 어머니와 만나서 이야기를 나누는 그 모든 시간을 주님이 인도해 주세요!'

기도를 하니 마음이 점점 평안해졌다. 아니, 그보다 담대한 마음이 생겨났다. 그래서 나는 또다시 다짐을 했다.

'어머니를 만나면 절대 울지 말아야지. 나까지 울면 어머니는 가슴이 더 무너지실지 몰라.'

금요일 퇴근길임에도 불구하고 다행히 어머니를 만나기로 한 합정역까지 지체 없이 도착할 수 있었다. 건물 앞에 주차를 하고 다시 한 번 크게 심호흡을 한 후 건물로 들어갔다. 그리고 로비에서 안내를 받은 후 드디어 엘리베이터에 탔다. 3층까지 올라가는 승강기 안에서 심장박동의 울림을 느끼며 다시 한 번 하나님에게 기도했다.

'하나님! 함께해 주세요!'

엘리베이터가 열리고 홀트아동복지회에서 업무 중인 직원들과 눈인사를 하자, 그동안 전화 목소리만 들었던 팀장님이 반가운 얼굴로 맞아 주셨다. 나를 기다리시며 어머니와 대화 중이었던 팀장님의 눈가는 이미 촉촉이 젖어 있었다.

"이쪽이에요. 지금 어머님이 이 방에 계세요."

팀장님은 작은 방을 가리키며 나를 인도해 주셨다. 38년 만에 처음 어머니를 만나는 순간이다. 작은 방의 문이 열렸고 그곳에 서 계신 어머니가 보였다. 평생 만나지도 못할 뿐 아니라, 소식조차도 들지 못하고 살 수도 있었던, 나의 친어머니가 눈물을 흘리며 그곳에 서 계셨다.

어머니는 정말 아름다운 분이셨다. 38년 동안 이별하고 지냈던 그 인고의 세월, 삶의 흔적이 무색할 정도로 참 고우셨다. 그런데 막상 어머니 앞에 선 순간 무슨 인사를 무슨 말을 어떻게 해야 할지 막막해졌다. 머릿속은 하얘지고 몸은 얼음처럼 굳어지고, 그 시간 내가 할 수 있는건 두눈을 감고 기도드리는 것 밖에 없었다.

'하나님! 도와주세요! 38년만에 저를 낳아주신 분을 만났는데 저 어떻게 해야 할지 모르겠어요. 저 좀 제발 도와주세요!! 예수님의 이름으로 기도합니다 아멘!'

마음속으로 한 기도였지만 그 상황이 얼마나 간절했던지 정말 부르짖어 뜨겁게 기도했다. 그 순간, 마음담은 기도를 응답하신 하나님께서 나를 움직이기 시작하셨다. 기도를 마치자마자 갑자기 내가 어머니 곁으로 가까이 다가가서 38년만에 그저 어린아이처럼, "엄마~~!! 엄마~~!!" 이렇게 부르는 것이 아닌가? 그리고 엄마의 손부터 잡아드린게 아니라 엄마를 꼭 안아드렸다. 내가 행동하고 있으면서도 도저히 이 현실이 믿겨지지 않는 너무나 놀라운 순간이었다. 나는 그때, 예전부터 친어머니를 만나게 되면 꼭 해드리고 싶었던 이야기를 전했다.

"엄마! 그동안 말로 다하지 못할 마음의 무거움으로 얼마나 많이 힘드셨어요! 보세요. 하나님이 우리 아빠가 되어 주셔서 제가 얼마나 건강하고 행복하게 잘 자랐는지 보세요. 이제 하나님은 저를 노래하는 찬양 사역자로, 복음의 통로로 사용하고 계세요. 하나님이 엄마도 많이 사랑하셔서 엄마가 아파하고 고통 가운데 있는 걸 원치 않으셔서 저를 만나게 해 주신 거예요! 엄마, 이제 마음의 짐을 모두 내려놓고 행복하셨으면 좋겠어요. 이제 좋은 일만 생각하세요! 기쁘고 행복한 일만 기대하세요!"

"고맙다, 아들. 정말 고마워……."

엄마는 흐르는 눈물을 연신 닦아 내며 계속 말씀을 이어 가셨다.

"어쩜 이렇게 너희 아빠랑 똑같이 닮았을까? 웃을 때 생기는 눈가에 주름, 얼굴형 그리고 자상한 말투까지……."

우리는 손을 맞잡은 채 계속 이야기했다. 어디에서부터 무슨 이야기를 어떻게 풀어가야 할지, 정리되는 것 하나 없었지만 두서없는 대화들 가운데 우리는 너무나도 기쁘고 행복했다.

참 신기했다. 어머니를 어떻게 불러야 할지, 어머니를 만나면 어떻게 행동해야 할지, 어떤 이야기들을 나눠야 할지, 어머니를 만나기 전에 했던 막연한 걱정들은 정말이지 기우에 불과했다. 어머니와의 만남에 있어 그것들은 어떤 장애물도 되지 못했다. 어머니와의 첫 만남은 이별했던 38년의 기나긴 시간이 무색할 정도로 익숙한 느낌이 들었다.

그래서 어머니를 안아드렸을 때도, 어머니의 손을 꼭 붙잡았을 때도, 어머니와 눈을 마주하며 이야기를 나눴을 때도 그렇게 자연스럽고 편안하지 않을 수 없었다. '핏줄이라는 게 정말 이런 거구나. 피는 물보다 진하다는 말이 정말 이런 말이구나.'하고 실감했던 시간들이었다.

잠깐이라 생각했는데 시간이 제법 흘러갔나보다. 자리를 비켜 주셨던 팀장님이 돌아와 우리가 그만 나가야 할 시간임을 알렸다.

나는 매주 금요일 밤에 교회에서 '금요 경배'와 '드림'이라는 예배의 찬양 인도를 한다. 그날도 어김없이 연습 시간이 다가와 더 이상 어머니와 시간을 보낼 수 없었다. 대신 어머니가 사시는 곳을 모셔 드리며 조금이라도 이야기를 더 나눠야겠다는 생각을 하며 밖으로 나왔다.

건물 밖을 나서는 순간 차가운 저녁 바람이 얼굴을 때렸지만 전혀 춥지 않았다. 마치 찜질방에서 뜨겁게 달궈진 몸을 얼음방에서 달래 시원해지는 기분이 들 정도였다.

어머니와 함께 차를 타고 이동하면서도 두서없는 이야기들은 계속 이어졌다. 서로의 질문과 대답이 마치 릴레이 경주를 하듯 자연스럽게 주고받았다. 어머니는 대화 중에 운전하는 나의 옆모습을 보며 연신 말씀하셨다.

"정말 많이 닮았네. 옆모습도 아빠랑 정말 많이 닮았어."

아들이 아빠 닮은 것을 이렇게 신기해 하고 놀라워하는 엄마와 아들이 얼마나 있을까? 우리의 모습이 참 재미있게 느껴졌다. 오랫동안 아들을 보지 못했기 때문에 아들이 아빠를 닮은 것이 신기해 보였을 수 있지만, 한편으로 다른 모든 사람은 그 사실을 너무 당연하게 여기기 때문에 놀라운 것으로 인식하지 못하는 것은 아닐까?

'내가 아빠, 엄마를 닮은 것이 너무나도 놀랍고 신기해. 하나님은 정말 기가 막힌 창조주 하나님이셔! 어쩜 이리도 닮은 모양, 닮은 모습으로 주님 안에 믿음의 가정을 이뤄 주셨을까?'

우리가 부모님의 모습을 닮은 것 또한 하나님의 놀라운 섭리이다. 내가 아버지와 닮았다고 신기해 하는 어머니를 보며, 이러한 감동과 감격을 매 순간 잊지 말고 살아가야겠다는 생각이 들었다.

퇴근 시간과 정확히 겹쳐 잠실로 향하는 강변북로에는 차들이 꽉 들어차 있었다. 원래 내 성격이라면 막히는 도로 상황 때문에 조바심이 나서 걱정 가득한 마음으로 불안해했을 것이다. 그런데 이날만큼은 엄마와 대화하는 시간이 얼마나 좋았던지, 차들이 꽉 들어차서 거북이걸음을 하는 시간을 오히려 다행이라고 여겼다.

이어지는 대화 속에서는 어머니의 지난날이 녹록치 않았음을 알게 되었다. 안그래도 어머니를 찾고 싶어서 홀트아동복지회에 요청했을 때 내심 어머니가 어디에서 어떻게 살아가시든지 고생하지 않으시고, 좋은 배우자를 만나서 행복하고 평안하게 지내셨으면 좋겠다는 생각을 했다. 그런데 어머니를 만나 듣게 된 이야기는 내 마음을 많이 아프게 했다.

어머니는 첫 번째 가정이 깨지는 아픔을 겪으셨고, 남편의 잘못된 음주 습관으로 고통의 시간들을 보내셔야 했다. 그 남편과의 사

이에서는 아들 하나가 있었는데, 아들이 스무 살 되던 해에 이혼
하셨다고 했다.

이혼 후 사업을 하셨지만 그마저도 제대로 되지 않아 밑바닥까
지 떨어지는 어려움을 겪으셨다고 했다. 그로 인해 (이제 나의 동생인)
아들을 대학에 진학시키지 못했다고 안타까워하는 모습을 보이셨
는데 내 마음도 찢어질듯 아팠다. 그런데 나를 더 가슴 아프게 한
것은, 어머니가 실패하거나 힘든 일을 겪을 때마다 그 모든 일이,
어머니가 저지른 죗값을 치루는 것이라고 생각하셨다는 말이었다.

그 이야기를 들으니 마음이 미어졌다. 기나긴 세월 동안 스스로
를 죄인으로 치부하며 속죄의 마음으로 사셨을 어머니의 시간들
이 고스란히 전해지는 것 같았다. 그리고 어딘가에서 살아가고 있
을 헤어진 아들을 생각하며 눈물 흘리셨을 어머니의 모습이 떠올
랐다. 이 아픈 사연을 그 누구에게도 말하지 못하고 평생 혼자 끙끙
대며 사셨을 어머니의 삶을 생각하니 표현할 수 없는 고통이 조금
이나마 전해지는 듯했다.

나를 낳았을 당시 어머니의 나이는 열여덟 살이었다. 한창 꿈을
키우며 아름답게 꽃피워야 할 나이에 도저히 혼자서는 감당할 수
없는 일이 벌어진 것이다. 한 번의 실수가 어머니의 인생에서 다시
는 지울 수 없는 크나큰 상처 자국으로 얼룩지게 되었다.

열 달이란 시간을 누구에게도 말하지 못하고 혼자서 불러오는
배를 숨기며 어떻게 하루하루를 지내셨을까. 세 아이의 아빠가 되

고 보니, 임신 중에 견딜 수 없을 만큼 힘든 과정이 너무도 많다는 것을 알게 되었다. 그런 열 달의 시간을 두려움 속에서 홀로 보냈을 어머니가 너무나도 불쌍해 견딜 수가 없었다. 어머니는 뱃속의 나를 절대 지울 수가 없었다고 하셨다. 열 달 동안 어떻게든 숨겨서 내가 나오는 달에 할머니에게 솔직히 고백하겠노라고 나름 계획을 세웠다고 하셨다. 그런데 임신 개월 수를 한 달 잘못 계산해서 열 달이 된 사실을 모르고 있었던, 바로 1976년 11월 21일에 진통이 시작된 것이다. 그러니 할머니와 이모들은 뒤로 자빠질 정도로 놀랄 수밖에 없었다. 그렇게 자초지종을 나눌 새도 없이 인근 병원으로 황급히 이동해 나를 출산하게 된 것이다.

외할머니는 참 엄한 분이었다고 한다. 또 외할아버지 없이 세 자매를 키우실 정도로 생활력이 강한 분이었다고 한다. 외할머니는 결국 어머니에게 일어난 이 엄청난 출산 사건에 대해 단호하고 엄한 결정을 내리셨다.

"이 아이는 절대 키울 수 없다. 입양 기관에 보내도록 하자!"

그때 열여덟 살이었던 어머니는 너무 무서웠다고 하셨다. 그 현실 상황 앞에서 이성적으로 판단하고 결정할 수 있는 권한이 없었던 것이다. 갓 태어난 아기는 배가 고파 울었지만 어머니는 젖을 물릴 수 없었다고 했다.

"절대로 젖을 물리면 안 된다. 한 번 젖을 물리면 넌 그 아이를 절대 보낼 수 없다!"

어머니는 그렇게 나에게 젖 한 번 물리지 못하고, 내가 태어난 다음 날, 입양 기관인 홀트아동복지회에 나를 맡기게 되었던 것이다.

이 이야기를 듣는 동안 계속 내 인생에 어떻게 이런 일이 일어날 수 있었을까라는 생각이 들었고, 꿈을 꾸는 것만 같았다. 그리고 38년 만에 만난 어머니와 그 오래전 이야기를 나누는 것도 신기할 따름이었다. 한마디로 이것은 하나님의 특별한 계획과 섭리가 아니면 도저히 설명이 안 되는 일이었다.

청소년 시절 알게된 나의 정체성으로 인해 참 많이 힘들고 방황했던 절망의 순간이 있었지만 그 모든 시간을 함께 해준 나를 가슴으로 낳아준 부모님들의 사랑이 있었기에 내 마음속의 여전한 원망과 분노의 마음들로 평생을 살아온 것이 아니라, 치유하시고 회복하시는 그 하나님의 은혜가 38년만에 만난 친생모에게도 하나님의 마음을 담아 사랑과 용서의 마음을 전할 수 있었던 것이다.

결국 나의 의지로 전하고 고백한 이야기가 아니라 내 속에 흐르고 있는 예수님의 보혈의 은혜로, 나를 값없이 거저 자녀 삼아주신 하나님 아빠 아버지의 놀라운 사랑으로 내가 이렇게 특별한 하나님의 사랑과 선물을 누리게 된 은혜를 어찌 말로 다 표현할 수 있을까? 감격과 감사가 가득 넘쳐나는 시간이었다.

어머니와 쉴 새 없이 이야기를 나누다 보니 어느덧 어머니댁에 도착했다. 아직 머릿속에는 하고 싶은 얘기들이 가득 차 있어서 어머니와 밤을 새며 얘기해도 모자를 것 같은데 곧 헤어져야 한다고 생각하니 너무나 서운했다.

하지만 나도 예배드리러 가야 하는 시간이 임박해서 어쩔 수가 없었다. 어머니를 지하철 역 인근에 내려드리며 다시 한 번 꽉 안아드렸다. 그리고 곧 다시 만날 것을 기대하며 연락드리겠다는 말을 전한 뒤 차를 돌려 교회로 향했다.

마음이 참 이상했다. 어머니와 헤어지고 나니 내내 참았던 눈물이 왈칵 쏟아져 버릴 것 같았다. 순간 집에서 노심초사하며 기다리고 있을 아내 생각이 나서 바로 전화를 걸었다. 아내도 내 전화를 기다렸던지 신호가 몇 번 울리기도 전에 바로 받았다.

"여보세요?"

아내의 목소리가 수화기 너머로 들리자 꾹꾹 참았던 눈물이 수도꼭지를 튼 것처럼 쏟아졌다. 마치 어린아이처럼 엉엉 울며 그때 내가 아내에게 건넨 첫마디가 지금 생각해도 너무 재미있다.

"자기야, 우리 엄마 너무 예뻐……. 우리 엄마 진짜 예쁘다?"

아내는 꺼이꺼이 울며 이야기하는 내 모습이 귀여웠나보다. 마치 아이를 어르고 달래듯 말했다.

"그랬어? 그렇구나! 우리 남편 친엄마가 정말 예쁘시구나! 자기 너무 좋겠네! 우리 남편 정말 축하해!"

아내에게 참 고마웠다. 아내는 늘 나를 이해하고 지지해 준다. 결혼 전, 내가 출생의 비밀을 이야기했을 때부터 아내는 나에게 하나님의 계획하심을 기대한다고 했다. 그리고 내가 출생의 과정을 찾아가며 친어머니를 찾는 내내 아내는 나와 함께 떨림으로 기도하며 격려해 주었다. 그 순간마다 아내가 내 옆에 있어 줘서 무척 든든하고 힘이 됐다.

나는 어머니를 내려드린 후 떨리는 마음과 꿈같은 상황을 추스를 새도 없이 다시 막힌 도로를 뚫고 교회까지 이동해야 했다. 그런데 지금 생각해 보니 그날 금요 예배 시간이 어떻게 흘러갔는지 기억이 안 날 정도로 얼얼한 상황에서 예배를 드린 것 같다. 찬양하는 동안 내가 어떻게 인도를 했는지, 어떤 설교말씀을 들었는지, 목사님 설교 이후 기도회 시간은 어떻게 보냈는지…….

예배 후 집에 돌아온 뒤, 아내와 밤이 깊도록 이야기를 나누었다. 아내에게 어머니와 나누었던 이야기들을 전하는데 아내도 수도꼭지가 고장 난 듯 하염없이 울고, 또 웃었다. 우리 부부는 마치 드라마 속의 주인공들만 경험할 수 있는 이야기 가운데 깊이 들어와 있는 것같이 신기해 하며, 끝나지 않는 수다 삼매경에 빠져들었다. 10년, 20년도 아닌 무려 38년 만에 친어머니를 만난, 역사적인 금요일 밤이 그렇게 흘러갔다.

38년간 나를 낳아 주신 어머니에 대한 존재감은 막연했다. 그러나 이날의 만남을 통해 나를 낳아 주신 어머니는 분명히 살아계시고, 나를 만나러 찾아와 주셨다는 사실을 깨달았다. 어머니와 나는 38년 동안 만나지 못했지만 보이지 않는 끈으로 연결되어 살아왔던 것이 분명하다.

하나님과 우리의 관계도 마찬가지이다. 우리는 하나님의 존재를 잊고 살 때가 많지만 분명 하나님과 인격적으로 연결되어 있다. 그러므로 하나님을 만난다는 것은 하나님을 인격적으로 만나게 되는 것이다. 그러니 하나님과의 인격적인 만남은 지극히 개인적이고 특별하고 소중한 만남일 수밖에 없다.

그런데 간혹 이러한 만남이 구원의 확신으로 이어지지 못하는 경우가 있다. 하나님과의 인격적인 만남 후에도 신앙적인 안일함과 타성에 빠져 주님과의 관계가 소원해질 수 있다는 것이다. 또 자기 자신의 나태한 신앙생활로 생긴 죄책감들, 예를들면 '주님은 이런 내 모습을 미워하실 거야. 이제 주님은 나를 받아 주시지 않을 거야.' 하는 생각들로 하나님을 멀고 어려운 분이라 느끼게 되는 것이다.

그러나 우리가 알아야 할 것이 있다. 나에게 처음 찾아와 주신 예수님은 내가 준비 돼서, 내가 잘나서, 내가 갖추어져서, 내 신앙심이 두터워서가 아니었다. 내가 어머니를 찾은 것처럼 어머니가 나를 만나러 와 주신 것처럼 하나님도 그저 아무 조건 없이, 그렇게 나를 찾아와 주신 것이다. 그러므로 죽기까지 나를 사랑하신 예수님의 사랑이 여전히 그리고 영원히 나와 함께하신다는 사실에 우리는 감사해야 한다. 우리는 분명히 주님의 거듭난 자녀들이다.

여호와의 말씀이니라

너희를 향한 나의 생각을 내가 아나니

평안이요 재앙이 아니니라

너희에게 미래와 희망을 주는 것이니라

(예레미야 29:11)

나
주
워
온
아
들
이
야
?

나의 본적은 충청북도 옥산이다. 외아들이어서 유난히 외로움을 많이 탔던 나는 방학이면 사촌들이 살고 있는 성남에서 한 달 가까이 원 없이 놀다가 개학 때가 되면 다시 집으로 내려가곤 했다. 여름방학 때는 산으로, 들로, 바다로, 수영장으로, 겨울방학 때는 눈사람 만들기, 눈싸움, 눈썰매 타기, 뒷산 쥐불놀이 등 쉴 새 없이, 정신 없이, 그야말로 온 맘 다해 신나게 놀았음에도 불구하고 개학 날짜가 다가올 무렵이면 또다시 혼자가 되어야 한다는 생각에 심히 우울했다. 그만큼 사촌들과 함께 어울려 지내는 것이 좋았다.

초등학교 4학년 여름방학이었다. 나는 여느 방학 때와 마찬가지로 부푼 가슴을 안고 사촌들을 만나러 성남으로 갔고, 지칠 때까지 놀며 방학을 보내고 있었다.

그런데 그 나이 또래 남자아이들이 다 그렇겠지만 항상 즐겁고 재미있기만 한 것은 아니었다. 잘 지내다가도 뭔가 마음이 안 맞으면, 싸우다 화해하기를 반복하기 일쑤였다. 사촌들과 방학을 보내던 어느 날에도 유치한 말싸움이 있었다. 그런데 말싸움을 하다가 사촌 동생이 수세에 몰리자 갑자기 나에게 한마디 던졌다.

"쳇, 형은 진짜 엄마, 아빠도 없으면서!"

"……."

"형은 주워 온 아들이래! 메롱!"

"……."

누구나 어린 시절에 한 번쯤은 들어 봤을 이야기이다. 친구들끼리 티격태격 싸울 때 아무 생각 없이 던지거나, 가까운 친척이나 이웃 어르신들이 아이를 놀릴 때 장난스럽게 던지는 말이다.

'너는 저 다리 밑에서 주워 온 자식이래! 얼레리, 꼴레리!'

나에게도 이 한마디가 다른 누군가에게처럼 그저 장난으로 무시할 수준의 이야기였을 수 있다. 그런데 그 말은 나에게 왠지 모르게 절대 지워지지 않을 문장으로 새겨져 버렸다. 이상 할 정도로 분명하고 충격적인 말이었다. 그때부터 그 말은 내안에 계속해서 맴도는 소리가 되었다.

'내가 주워 온 자식이라고? 엄마, 아빠가 진짜가 아니라고?'

외아들, 외딸에게는 보편적인 특성이 있다. 물론 과학적으로 검증된 것은 절대 아니지만 주관적인 견해로 봤을 때 외동들은 철저히 자기중심적인 삶을 사는 것 같다.

나 역시 그랬다. 부모님의 지대하고 전폭적인 지지와 총애를 한 몸에 받으며 자라 왔다. 부유한 가정이라고까지는 할 수 없었지만, 내가 원하는 것, 먹고 싶은 것, 갖고 싶은 것, 하고 싶은 것은 무엇이든지 다 해 주시는 부모님이 계셨다. 어린 시절을 통틀어서 아버지께 크게 혼난 적이 없을 정도로 부모님 손에서 애지중지 자랐다. 그런 유년기를 보낸 나에게 그 말 한마디는 천둥처럼 울리는 소리였다. 그리고 마음에 새겨져 절대 잊히지 않는 이야기가 됐다.

그렇게 초등학교 시절을 보내고 중학교 3학년이 되던 해의 어느 날 엄청난 사건이 일어났다. 그 즈음 나는 사춘기를 보내고 있었던 것 같다. 거의 매일 아무 이유 없이 반항하며 대들고 부모님과 대화하지 않고 방에만 혼자 틀어박혀 있었다. 그날도 학교에 다녀온 후 나와 대화를 시도하려던 부모님에게 나는 도를 넘는 반항심으로 짜증을 부리자 참다못한 어머니도 버럭 혼을 내셨다.

아버지는 뒤에서 묵묵히 앉아 계셨고, 어머니는 왜 이리 버릇이 없고 삐뚤어졌냐고 나를 나무라시며 호되게 혼을 내셨다. 순간 나는 나도 모르게 소리를 쳤다.

"나 주워 온 아들이야? 진짜 엄마, 아빠가 아니야? 내 친부모가 아니야?"

내 목소리는 마치 학교 조회 시간에 울려 퍼지는 교장 선생님 목
소리처럼 방안 가득 메아리가 되어 울려 퍼졌다.

"나 주워 왔냐고! 진짜 엄마, 아빠가 아니냐고!"

방안에 오랜 정적이 흘렀다.

"엄마! 아빠! 빨리 아니라고 말해야지! 무슨 소리를 하는 거냐고
나를 혼내야지! 왜 아무 말도 못해? 왜!?"

어머니와 아버지는 어떤 대답도 하지 않으셨다. 대답 대신 갑자
기 털썩 주저앉으시고는 하염없이 눈물을 흘리셨다. 순간 그 눈물
은 내 출생의 비밀에 대한 확신의 대답으로 여겨졌다.

'내가 주워 온 아들이라고? 우리 엄마, 아빠가 진짜가 아니라고?
에이, 말도 안 돼. 그럴 리가 없어. 이건 꿈이야. 진짜 말도 안 돼!'

방안의 정적은 한없이 어깨를 들썩이며 눈물을 흘리시는 부모님
의 흐느끼는 소리로 바뀌었다. 나는 그날 늘 강인하게만 보였던 아
버지가 눈물 흘리시는 모습을 처음 보았다. 절대 인정할 수도, 아니
인정하고 싶지 않았던 그 이야기가 나에게 사실로 확인되는 충격
적인 순간이었다. 얼마나 오랜 침묵이 계속 되었을까? 어머니는 긴
정적을 깨고 입을 떼셨다.

"요한아, 너는 엄마 아들이야. 엄마 아들 맞아. 엄마는 단 한 번도
너를 내 아들이 아니라고 생각한 적이 없어. 너는 내 아들 맞아. 하
나님이 주신 우리 아들 맞아."

어머니는 더 이상 말씀을 잇지 못하시고 또다시 흐느껴 우셨다.

그날 나는 이대로 잠들었다 일어나면 모든 게 다 꿈이었으면 좋겠다고 되뇌었다. 붉어진 눈시울로 오랜 시간 자리를 떠나지 않으시던 아버지의 모습과 너무 오래 울어서 머리가 깨질 것 같던 어질어질한 그날의 느낌이 지금까지도 생생하게 기억난다. 내 인생에서 결코 잊을 수 없는 사건이 일어난 그날, 그 밤은 그렇게 깊어 가고 있었다.

'그렇구나. 나는 입양된 아이였구나. 우리 엄마, 아빠가 정말 친부모님이 아니었구나. 기분이 너무 이상하다. 태어나서 처음 느껴보는 이 감정과 지금 내 상태는 도대체 뭐지? 이런 일은 내 생애에 일어나지 말았어야 했는데……'

도대체 왜 내게 이런 일이 일어난 건지, 내가 무슨 큰 잘못이라도 한 건지, 세상 모든 사람은 이미 오래전부터 나에 대한 비밀을 다 알고 있고 나 혼자만 아무것도 모르는 바보처럼 살아온 것 같아 엄청난 소외감과 배신감이 몰려왔다. 한참 예민해 있을 청소년 시기에 나의 방황은 그렇게 시작되었다.

마음 한구석에는 이럴수록 늘 헌신적인 사랑으로 나를 키워주신 부모님에게 더 잘해드려야 한다는 마음이 있었다. 그럼에도 여전히 다스려지지 않는 분노가 나를 혼란스럽게 했다. 지금 생각해보면 그때의 나는 그 엄청난 사실을 감당하기에 너무나도 철이 없고 어린 나이였다. 마음 깊은 곳이 슬픔으로 무너지면서 더 삐뚤어지려는 못된 생각들로 채워졌다. 늦은 밤까지 친구들과 정신없이 놀며 헤매는 내 모습은 마치 나 혼자 있는 시간을 만들고 싶지 않았던 처절한 몸부림이었던 것 같다. 지금에야 오래전 기억들을 떠올리며 객관적으로 바라볼 수 있지만, 입양 사실이 밝혀진 그날 이후부터 수년간의 내 청소년 시절은 탈출이 불가능한, 거대한 올가미에 사로잡힌 듯한 시기였다. 내 안의 분노들이 잦은 싸움으로 표출되었고, 거친 친구들과 어울려 다니며 일탈을 자행하는 시간들이 계속되었다.

그때 나를 바라보던 부모님의 마음은 어땠을까? 나보다 더 나를 사랑하는 분들이었기 때문에 그 마음의 상처가 얼마나 컸을지를 생각하니 가슴이 미어진다. 그리고 우리 가족을 변함없이 지켜봐 주신 주님의 마음을 생각하지 않을 수 없다.

결국 하나님은 내가 그 시련과 고통의 과정을 이겨 내고 감당할 수 있도록 도와주셨다. 그래서 지금 이 고백을 할 수 있게해 주셨다.

내가 경험했던 것처럼, 우리가 도저히 이해할 수 없는 상황과 환경 앞에 막막함으로 주저앉게 되어도 모두 해결하고 건져내 주실 그분을 바라보며 순종할 수 있는 믿음이 있다면, 참된 평안함이 우리를 가득 채워 줄 것이다. 하나님은 우리를 자녀 삼아 주셨기 때문이다.

지금도 해마다 국내외로 입양되는 아이는 1,800여 명이 넘는다. 그러나 이 사실을 단순히 아픔과 고통으로 인식하고 끝나서는 안 된다. 그 아이들 역시 하나님의 분명한 계획 속에 있기 때문이다.

"그는 내 아버지 난 그분의 자녀 내가 어딜 가든지 날 떠나지 않죠. 내 이름 아시죠. 내 모든 생각도 '아바'라 부를 때 그가 들으시죠."

<내 이름 아시죠>라는 찬양의 가사로, 내가 정말 좋아하고 힘을 얻는 곡이다. 사실 우리 모두는 하나님이 사망과 어둠의 그늘에서 예수 그리스도로 말미암아 건져 주신 입양아이다. 그러므로 그리스도인은 세상을 살아가는 동안 늘 외롭지 않다.

우리 모두는 만군의 여호와 하나님, 전능하신 나의 주님이 내 아버지가 되시고, 나는 그분의 자녀라는 사실을 인식하며 고백하는 것이 무엇보다 중요하다. 그러나 때로는 현실의 큰 벽에 부딪혀 그 사실을 너무 자주 잊고 살아간다. 이 든든한 존재를 다시 한 번 우리 가슴 가운데 깊이 새겼으면 한다. 두려움과 막막함에 주저앉아 울고 싶을 때 '아바 아버지'라고, 우리의 아버지가 되시는 하나님의 이름을 힘차게 불러 보자.

그러나 내가 가는 길을 그가 아시나니
그가 나를 단련하신 후에는 내가 순금 같이 되어 나오리라

(욥기 23:10)

주는 나를 기르시는 목자요

나는 그분의 귀한 어린 양

푸른 풀밭 맑은 시냇물가로 나를 늘 인도하여 주신다.

가슴으로 낳아 주신 어머니

어머니, 사무치게 그리운 또 한 분의 어머니가 있다. 2003년 9월, 나를 길러 주신 어머니가 하나님의 부르심을 받았다. 사실 그 후로는 어머니 사진 한 번 제대로 들여다보지 않은 채 살았다. 정확히 말하면 나는 아직 '엄마'라는 말만 내뱉어도 한없는 눈물이 흐를 것 같아서 사진을 볼 용기가 나질 않는다.

장례를 위해 급하게 앨범 속에서 어머니 사진을 찾으며 보았던, 해맑게 웃고 있는 어머니의 모습들이 아직도 눈에 선하다. 그날 그렇게 앨범을 흩트려 둔 채 그 뒤로 서랍을 열지 않았다. 누군가를 보고 싶어 하고 그리워하면 분명히 꿈에 나타난다고 하는데, 어쩜 단 한 번도 나타나지 않는지 때론 어머니가 야속하기도 했다. 하지만 한편으로는 이제 더 이상 아픔과 고통 없는 행복한 곳에서 그토록 사랑하는 주님과 행복하게 잘 지내실 것이라는 생각으로 위안을 한다.

어머니는 몸이 많이 약하셨다. 내 입양 기록을 조사하며 새롭게 알게 된 사실 중 하나는 어머니가 홀트아동복지회에 입양 신청을 하면서 반드시 신생아를 입양해야 한다는 조건을 두셨다는 것이다. 어머니는 몸이 약해 아이를 갖지 못한다는 사실을 아셨고, 기도 중에 입양을 결정하신 후 가족들에게는 입양 사실을 알리지 않고 가임 상황까지 계획해 나를 입양하셨던 것이다.

어머니는 평생 나를 입양아가 아닌 친자식처럼 키우려 하셨던 모양이다. 그리고 내가 어릴 적에는 항상, '엄마는 몸이 약해서 너 하나밖에 갖지 못했어.'라고 말씀하셨다.

하지만 그 작은 체구에 걸맞지 않게 어머니의 목소리는 늘 까랑까랑했고 행동은 당찼다. 어린 시절 엄마한테 혼날 짓을 하거나 잘못을 저지를 때면 가차 없는 응징이 내려졌는데, 그 하이톤의 목소리만 들어도 나는 바로 꼬리를 내리며 순종할 수밖에 없었다. 어머니는 그렇게 올곧은 가치관을 벗어나는 일이나 잘못된 행동들에 대해서는 공의의 심판을 행하는 분이었다. 그러면서도 하나뿐인 자식에게 한없는 사랑을 베푸시는 분이었다. 늘 나만 바라보는 해바라기라고 해도 과언이 아니었다. 마치 어미 개가 새끼 강아지를 물고 빨듯 그렇게 나를 아끼고 사랑해 주시는 분이었다. 내가 아침 잠이 많아 늦잠을 자고 있으면 자는 모습이 사랑스러워 얼굴을 쓰다듬고 부비며 크게 애정을 표현하시는 분이었다.

일반적으로 외동아들이나 외동딸들은 버릇이 없다는 이야기를 많이 하는데, 그렇게 될 수밖에 없는 소지가 참 많다. 부모님이 관대하고 너그러운 사랑으로 품어 주시고 용납해 주시기 때문이다. 나는 그런 어머니가 영원히 곁에 있을 줄만 알았다.

어머니는 가족력인 당뇨병을 앓았는데, 당뇨는 잘 알려진 것처럼 식이요법과 관리만 잘하면 충분히 다스릴 수 있는 병이다. 그래서인지 엄마는 큰병이 아니라고 대수롭지 않게 여겼고, 또한 미련하리만큼 주님이 분명히 고쳐 주실 것이라는 확신을 가지고 치료 자체에 신경을 쓰지 않기도 하셨다. 그렇게 방치한 결과 어머니는 무서운 합병증을 얻게 되었다. 신장이 그 기능을 잃어 온몸이 퉁퉁 붓고, 나중에는 투석을 받게 되었다. 시력도 많이 저하되고 다리 통증도 심해져 움직이는 것도 힘든 상황에까지 이르게 되었다. 그때 아버지가 후회 섞인 안타까운 고백을 하셨던 것이 생각난다.

"내가 옆에서 더 확실하게 챙겼어야 했는데, 네 엄마의 센 고집을 꺾어서 아빠가 더 챙겼어야 했는데……. 그랬으면 다 나았을 텐데……."

10년이 지난 지금도 나를 길러 주신 어머니가 늘 보고 싶다. 아이들의 재롱을 볼 때마다 '어머니가 이 아이들을 봤으면 정말 행복해

하셨을 텐데. 어린 시절 나를 강아지처럼 물고 빨고 품에 끼고 사셨던 것처럼 손주들도 그렇게 사랑해 주셨을 텐데…….'라고 생각하니 가슴 한구석이 아려 온다.

하나뿐인 아들이 찬양 사역하는 모습을 바라보시며 혹시 찬양하는 자리에서 실수라도 하지 않을까, 늘 노심초사하며 기도하셨던 어머니. 그 한결같은 눈물의 기도가 바로 지금의 나를 있게 만들어 주었다.

어머니가 해 주신 오래전의 간증이 떠오른다. 어머니는 결혼 전에 신앙이 없었다고 하셨다. 그러던 어느 늦은 오후쯤, 땅거미가 질 무렵 방 한쪽에 있는 창문으로 바깥 풍경을 바라보던 중 갑작스레 기도가 나왔다고 하셨다.

"하나님, 우리 아들은 나중에 목사님이 되게 해 주세요!" 자신의 의지와는 상관없이 기도로 고백하게 된 어머니는 스스로도 깜짝 놀랐다고 하셨다. 놀랄 수밖에 없었던 것이, 교회에 다니지도 않고 신앙도 없었던 어머니의 입술에서 단 한 번도 제대로 드려 보지 않았던 기도가 나왔기 때문이다. 어머니는 그날의 사건이 잊히지 않아 한동안 신기해 했다고 하셨다.

'서원 기도'라는 것이 있다. 어떤 사람은 어느 글에서 이 서원 기도의 무서움을 이야기했는데, 하나님에게 드리는 약속의 기도인 서원 기도를 지키지 않으면 하나님이 진노하신다는 내용이었다. 또 주변에 목회자가 되겠다고 하나님에게 서원한 후 목회자의 길을 걷지 않고 세상의 자리에 있다가 하나님에게 제대로 혼나고(?) 강권적으로 다시 목회자의 길을 걸은 사람의 이야기도 들었다. 물론 나는 신비주의적 신앙에 치우치는 사람이 절대 아니다. 또한 하나님의 역사하심과 크신 비밀에 대해 내가 감히 왈가왈부할 수는 없다. 하지만 이런 간증과 이야기들은 직접 경험해 보지 않으면 공감할 수 없는 이야기이다. 대부분의 사람이 '에이, 어떻게 그런 일이 일어나. 그건 우연의 일치일 거야.'라고 말할 것이다.

그런데 어머니가 경험하셨던 이 신기하고도 재미있는 기도가 내 삶에서 점점 이루어지고 있다. 2001년 찬양 사역을 시작해 열심히 그 길을 걸어가던 중 하나님 말씀을 노래하는 사람으로서 조금 더 말씀을 제대로 공부하고 싶은 마음이 들기 시작했다.

그래서 2006년에 지인의 조언으로 신학교에 들어가게 되었다. 아직 목사가 된 것은 아니지만, 또 목사가 될 수 있을지는 모르겠지만, 지금은 목회자의 길을 준비하며 걸어간다는 것 자체가 하나님의 은혜이다.

또 어머니는 요셉처럼 꿈을 통해 하나님의 은혜를 참 많이 경험하셨다. 어느 날에는 큰 세계 전도가 눈앞에 펼쳐지고 비행기 노선들이 대한민국에서 온 세계로 쭉쭉 그려지는 꿈을 꿨다고 하셨다. 어머니께 그 이야기를 맨 처음 들었을 때, 외국은 고사하고 제주도 한 번 못가 본 촌놈이 무슨 해외를 나간다고 저러시나 생각했다. 그런데 머지않아 대만, 일본, 호주, 뉴질랜드, 미국, 캐나다 등지로 하나님은 나에게 해외 사역의 길을 열어 주셨고, 그곳에서 만난 많은 동역자와 은혜를 경험하게 하셨다. 어머니가 오래전에 말씀하셨던 꿈이 이루어진 것이다.

그렇게 어머니는 하나밖에 없는 이 부족한 아들이 주님의 길을 잘 갈 수 있을지 늘 걱정이 되셨나 보다. 아들을 향한 그 간절한 기도가 얼마나 감사하고 또 감사한지 모른다. 한편으로는 하늘에 계신 어머니가 친어머니를 만나서 기뻐하는 내 모습을 보시고 혹시 배신감을 느끼시지는 않을까 걱정이 되기도 하다.

'엄마! 아름다운 천국에서 행복하게 잘 지내고 계시죠? 엄마의 사랑이, 엄마의 눈물 어린 기도가 바로 지금의 저를 있게 했어요. 아시죠? 제가 찬양 사역자로 살아가겠다고 결심한 것도 바로 엄마가 원해서였죠! 그리고 그간 고통의 시간을 보냈을 친어머니를 만나서 제가 친어머니 마음의 짐을 덜어 주게 된 모든 상황도 엄마는 기쁘게 생각하시리라 믿어요. 사랑하는 엄마! 먼 훗날 천국에서 엄마를 만나 볼 수 있을까요? 천국이 어떤 곳인지 알 수는 없지만, 엄마를 다시 만날 수 있다면 너무나 기쁘고 행복할 것 같아요. 엄마! 엄마의 일평생 아들을 향한 간절한 기도에 부끄럽지 않은 자랑스러운 아들이 되기 위해 늘 노력할게요. 엄마 사랑해요. 그리고 너무 보고 싶어요!'

나는 어머니가 바라시던 대로 찬양 사역자가 되어 13여 년간 찬양 사역을 하며 여러 나라를 방문하게 되었다. 그 나라들 중 유난히 기억에 남는 나라는 뉴질랜드이다. '구름의 나라'라고도 불리는 뉴질랜드는 너무나 깨끗한 천혜의 자연이 어디든지 아름답게 펼쳐져 있었다. 그리고 또 하나의 특징 중 하나는 수많은 양이 있다는 것이다. 전체 국토의 54퍼센트가 목초지여서 인구 수보다 많은 6천만 마리의 양이 있다고 한다. 그래서 뉴질랜드에서는 가는 곳곳마다 한가로이 풀을 뜯고 있는 양들을 만날 수 있다. 나는 그 수많은 양을 보며 나의 목자 되신 주님을 묵상했다.

"주는 나를 기르시는 목자요, 나는 그분의 귀한 어린 양 푸른 풀밭 맑은 시냇물가로 나를 늘 인도하여 주신다. 주는 나의 좋은 목자 나는 그의 어린 양 철을 따라 꼴을 먹여 주시니 내게 부족함 전혀 없어라."

나를 길러 주신 어머니는 내게 하나님에 대해 알려 주셨다. 그리고 하나님을 믿는 길을 가도록 인도해 주셨다. 그리고 그 길을 가는 동안 내가 한 일은 그저 하나님을 따라간 것뿐이다. 아니, 하나님을 따라간 것조차 내가 한 것이 아니라 하나님이 그렇게 하도록 이끌어 주신 것이다. 양이 그저 목자의 인도하심만 잘 따라가면 되는 것처럼 말이다. 양은 자기의 길을 혼자 개척하려는 순간, 위험한 절벽과 사나운 짐승들을 만나게 된다. 우리도 마찬가지이다. 주님의 양인 우리도 좌로나 우로 치우치지 말고 나의 목자 되신 예수님만 따라가는 인생이 되길 기도하며, 철저히 그분만을 따라가야 한다.

여호와는 나의 목자시니 내게 부족함이 없으리로다

그가 나를 푸른 풀밭에 누이시며

쉴 만한 물 가로 인도하시는도다

(시편 23:1~2)

나
의

입
양

정
보

짧은 인생이지만 출생의 비밀에 대해, 내 삶을 전적으로 붙드시고 인도하시는 하나님의 놀라운 사랑의 섭리를 깨달았다. 그리고 내가 그 섭리를 전하기 원하시는 주님의 마음을 느꼈다. 그렇게 나의 입양 사실을 통해 하나님을 전해야겠다는 생각을 하게 되었다. 그러다 갑자기 '입양되는 아이들이 얼마나 될까?' 하는 궁금증이 생겼다. 그때 우연히 인터넷 포털 사이트 검색창에 '입양'이라는 단어를 쳐 보았고 '중앙입양원'이라는 곳을 발견했다. 그곳은 '뿌리 찾기'라는 카테고리를 통해 입양인들의 정보를 확인할 수 있는 곳으로 보였다. 순간 눈에 들어온 대표 전화번호로 '전화를 한 번 걸어

볼까?'라는 생각이 들었고 잠시 고민한 끝에 전화번호를 눌렀다.

"네, 여보세요. 중앙입양원입니다."

"아, 네. 뭐 좀 여쭤 보려고 전화했습니다. 혹시 그곳에서 입양 정보를 알 수 있나요?"

"입양인이 본인이세요?"

"네, 그렇습니다."

"아, 그러시면 간단한 신원 확인 절차 후에 입양인 본인에게는 정보를 공개해 드립니다."

깜짝 놀랐다. '아니 이렇게 쉽게 내 정보를 알 수 있었단 말이야?' 가슴이 두근거렸다.

먼저 내 기본 정보를 확인하고, 부모님의 성함과 생년월일을 말하니 이내 데이터를 통한 확인 작업이 이루어졌다. 그리고 잠시만 기다려 달라는 상담원의 이야기를 들었다.

'잠시 후면 내 입양 정보를 알 수 있다! 어디를 통해 입양되었는지도 알 수 있어!'

심장박동 수가 빨라지는 것을 느꼈다. 그리고 잠시 후 상담원의 목소리가 들려왔다.

"지금 알려 주신 생일로 확인되는 사람은 둘인데요. 혹시 생일이 11월생이신가요?"

"네네, 맞습니다. 11월 21일 입니다!"

"아버지 성함이 ○○○ 맞으신가요?"

"네, 맞아요! 저희 아버지 맞습니다!"

"그렇다면 확실하네요! 입양 기관을 확인했습니다."

"홀트아동복지회를 통해 입양되셨네요. 정보를 확인하실 수 있도록 홀트 전담 부서 번호를 알려드리겠습니다."

"아, 네네. 감사합니다. 정말 감사합니다!"

순식간에 일어난 일이었다. 불과 전화 통화 몇 분 만에 내가 어느 기관을 통해 입양되었는지 알게 된 것이다. 당황스러우면서도 신기하고, 또 떨렸다. 그리고 홀트로 전화를 하면 더 자세한 정보를 알 수 있다는 생각에 가슴이 방망이질 치기 시작했다. 38년 동안 출생의 비밀을 깊이 묻은 채 살아왔던 나였고 그저 순간순간 막연하게 '나의 친부모님은 어떤 분이었을까? 지금은 어디서 어떻게 살아가고 계실까? 살아계시기는 할까? 하고 생각해 본 적은 있었지만 직접 찾아봐야겠다고 생각한 적은 단 한 번도 없었다. 하지만 더 지체하면 내 정보를 알아낼 수 없을 것 같은 두려운 마음이 엄습해 왔기 때문에 바로 전화를 걸었다.

"홀트아동복지회 입양가정지원센터입니다."

"안녕하세요! 저는 홀트를 통해서 입양된 사람인데요. 제 정보를 알 수 있을지 여쭤 보려고 전화했습니다."

"아, 그러세요! 저희가 필요한 신원 확인 절차를 거친 후에 정보를 알려드릴 수 있습니다. 먼저 주민등록등본과 신분증 사본을 저희 쪽에 팩스로 보내 주시면 됩니다."

"네, 알겠습니다!"

전화를 끊자마자 나는 빛의 속도로 동네 주민 센터에 뛰어갔다. 아니 정말 눈썹이 휘날리도록 날아갔다는 표현이 맞다. 필요한 서류를 팩스로 보내자, 홀트에서 바로 전화가 걸려 왔다. 전화를 주신 분은 입양가정지원센터 팀장님이셨는데 무척 친절하게 설명해 주셨다. 신원 확인이 되어 센터에 보관되어 있는 나의 입양 데이터를 가지고 오신 것이었다. 내 가슴은 다시 두근두근 요동치기 시작했다. '아, 이제 진짜 내가 입양된 내용들을 알게 되는구나.' 마음이 조급해지기 시작했다.

"먼저 기본적인 내용들을 여쭤 볼게요. 짧은 시간도 아니고 38년이나 지난 이 시점에 왜 입양에 대한 내용들이 궁금해지신 거죠?"

그렇다. 38년 동안 출생 이야기를 묻어 두고 살았다. 그런데 이제 와서 그 이야기가 궁금해진 이유는 무엇일까? 그 답은 바로 현재 나의 삶, 나의 가정에서부터 시작되었다. 사랑하는 아내를 만나고 결혼을 하고 믿음의 가정을 이루며 하나님이 우리에게 기업으로 허락하신 세 명의 자녀들을 키우고 있는 지금, 내 삶의 큰 축복이 너무도 자연스럽게 나의 친부모님에 대한 막연한 궁금증으로 이어졌다. 그리고 친부모님에 대한 그리움이 생겼다. 과연 나의 친부모님은 어떤 분이셨고, 또 어떤 상황에서 나를 입양 보내셨을까, 궁금증이 커져 갔다. 그리고 가장 중요한 목적이 있었다. 그것은 바로 내 출생의 비밀과 축복받은 삶을 통해 하나님을 전하라는 주님의 부르심 때문이었다. 그래서 팀장님에게 이 이야기를 전했다. 그리고 나는 팀장님의 대답에 공감하게 되었다.

"네, 입양된 분들 중 대부분이 가정을 이루고 자녀들을 키우면서 자신의 입양 정보를 많이 요청해 오신답니다."

'아 그렇구나. 나만 그런 것이 아니었구나. 이 땅의 모든 자녀들이 동일하게 경험하는 마음의 변화, 그것은 그리움이었구나……'

자연스러운 타이밍 가운데 모든 상황들이 진행되고 있다는 생각이 들어 나는 더욱 설레기 시작했다.

"저희 쪽에 남아 있는 기록들을 제가 좀 읽어 드릴게요!"

"아, 네. 잠시만요."

나는 작은 이야기라도 놓칠세라 키보드를 찾아 기록할 준비를 했다.

"네, 이제 말씀해 주시면 됩니다!"

어떤 이야기를 듣게 될지 숨을 죽이고 기다렸다. 내가 처음 어떻게 맡겨졌는지, 나를 맡기신 친부모님에 대한 정보도 알 수 있는지, 더 나아가 혹시 친부모님을 만날 수도 있을지, 별의별 생각들이 머릿속에 가득 찼다. 팀장님은 나에 관해 남아있는 기록들을 모두 쭉 읽어 주셨다. 나는 그 내용을 들으며 타이핑을 했다.

11월 21일 출생
바로 다음날인 11월 22에 맡겨짐

친어머니, 외할머니 입양 동의

생모: 이 씨, 20살, 미혼 기혼 여부 불분명

할머니: 당시 49살, 1929년생

서울 위탁 가정에 맡겨짐

위탁 가정에서 양부모가 11월 30일에 데려감

위탁 시 신생아 정보: 3.4Kg

수유 시간을 제외하곤 수면 상태가 지속되는 순한 아이 11월 30일 입양(굉장히 빠른 케이스)

입양 부모: ○○○와 ○○○

경기도 ○○

11월 9일 입양 신청

절대적 비밀 유지를 위해 가임 상황으로, 가상 예정일에 맞춰서 입양 계획한 것으로 보임

오전 4시 12분 출생

○○의원 출생 서울시 ○○구 ○○동

순산 출생 시 즉시 울음

외할아버지 고혈압으로 사망 가족 병력 친모와 외할머니 양육 포기

"박요한 님, 이게 저희가 가지고 있는 기록 내용 전부네요. 그런데 박요한 님은 정말 럭키한 경우예요. 입양된 지 시간이 많이 흘렀기 때문에 이렇게 자료가 많이 남아있는 경우는 흔하지 않거든요. 진짜 럭키한 경우예요."

팀장님은 '럭키'라는 단어를 거듭 사용하셨다. '맞다. 나는 정말 행운아이다. 나 같은 행운아가 또 있을까?' 순간 나는 특별한 행운을 경험하고 또 그 행운을 누리며 살고 있다는 생각이 들어서 정말 감사했다. 내 인생에 가장 큰 행운은 다른 게 아니었다. 바로 하나님 아버지가 내 아버지가 되어 주셨다는 것, 그것이 내 인생 최고의 행운인 것이다. 가슴이 먹먹해지고 어느새 눈물이 났다.

처음 출생 정보를 찾아보기로 마음먹었을 때 나는 아마 내 생일이 정확하지 않을 수 있을 것이라는 추측을 하곤 했다. 생일뿐 아니라 나이도 정확하지 않을 수 있다고 생각했다. 지금까지 알고 있었던 나의 생년월일이 달라질 수도 있겠구나 생각하며, 아내의 연상이 될 수도 있고 연하가 될 수도 있는 상황을 머릿속에 그려 보았다. 그런데 내가 알고 있는 생일이 정확한 날짜였다는 것이 정말 신기하고 놀라웠다.

'아, 나는 태어난 그 바로 다음날 입양이 되었구나.'

38년 만에 처음 알게 된 나의 이야기 하나하나가 계속 꿈같이 느껴졌다. 한편으로는 이렇게 쉽게 찾을 수 있었던 나의 이야기들을 왜 이제껏 꽁꽁 묶어 두고 살아왔을까 하는 생각들이 스쳐 지나갔다. 홀트 팀장님은 말씀을 이어가셨다.

"박요한 님이 원하시면 '정보공개청구서'라는 양식을 작성해 주시고 친부모님과의 연락을 시도해 볼 수도 있습니다."

'두둥!' 정말 예상치도 못했던 일들이 한꺼번에 갑작스럽게 일어나고 밝혀지자 나는 행복한 비명을 지르고 싶었다. '나의 친부모님과 연락을 해볼 수가 있다고?!'

"팀장님, 양식을 보내 주시면 바로 작성해서 보내겠습니다." 기대가 가득 담긴 음성으로 팀장님에게 이메일 주소를 알려드리고 전화를 끊었다. 혹시나 하는 생각으로 걸었던 전화 한 통이었는데 정말 엄청난 수확이었다. '하나님이 함께해 주시는구나! 주님이 인도해 주시는구나.'라는 생각이 들었고, 마음 가득히 감사의 고백이 넘쳐났다.

홀트에서 온 이메일을 바로 확인하고 양식을 작성한 후 답장 메일을 보냈다. 후에 내 메일을 확인한 팀장님이 전화를 주셨다. 관련 기관에 정식으로 의뢰한 후에는 15일 안에 친부모님과의 연락이 가능한지를 알 수 있으며 또 만일 연락이 닿았을 시에 입양인과 만남을 원하는 지의 확인이 가능하다고 했다. 하지만 15일이 지나서도 기관을 통해 연락이 오지 않는다면 거의 찾을 수 없는 상황이라고 했다.

물론 내가 어느 기관을 통해 입양되었는지 또 어디에서 어떻게 태어났는지에 대한 정보를 알게 된 것도 정말 감사한 일이었지만,

친부모님을 만날 수도 있다는 이야기를 들으니 더욱 기대가 되었다. 나는 꼭 친부모님을 만날 수 있었으면 좋겠다는 생각을 하며 주께 기도드렸다.

"하나님, 주님이 인도해 주신다면 불가능한 일이 없을 줄 믿습니다. 다만 이 모든 계획이 하나님 생각 가운데 진행될 수 있도록 주님이 전적으로 일해 주세요. 제 욕심으로 진행되지 않게, 저 또한 잠잠하게 기도하며 기다릴 수 있도록 인도해 주세요. 예수님의 이름으로 기도드립니다. 아멘."

이 땅을 살아가는 누구나 행운을 꿈꾸며 살아갈 것이다. 외국에서 자주 사용하는 영어 표현 중 하나도 'Good luck.'일 정도로 사람들은 서로에게 행운을 빌어 준다. 복권이나 경품 추첨 행사 등 행운을 바라는 사람들의 심리를 이용하는 이벤트도 많다.

그런데 세상 사람들에게 행운이란, 마치 아직 일어나지 않은 미래형의 명제로 인식되는 듯하다. 나 역시 마찬가지이다. 내가 어머니를 찾았던 것도 일종의 행운을 바라는 심리였을 수 있고 어머니를 만나게 된 것도 행운이었다고 생각할 수 있다.

그러나 우리가 이렇게 행운이라고 생각하는 모든 것들이 사실은 전부 하나님의 계획이다. 하나님이 하나씩 맞춰 가시는 퍼즐 조각인 것이다. 지금 당장 우리 주변을 감싸고 있는 수많은 감사 거리들을 살펴보자. 그것들만 생각해 보아도 우리 모두는 이미 행운아가 아닐까? 그리고 예수 그리스도를 구주로 고백하고 믿는 당신은 행

운아 중의 행운아이다. 우리는 이미 하나님 안에서 행운을 경험한
사람이라는 사실을 반드시 기억해야 한다.

비록 무화과나무가 무성하지 못하며 포도나무에 열매가 없으며

감람나무에 소출이 없으며 밭에 먹을 것이 없으며

우리에 양이 없으며 외양간에 소가 없을지라도

나는 여호와로 말미암아 즐거워하며

나의 구원의 하나님으로 말미암아 기뻐하리로다

(하박국 3:17~18)

마음만은 풍성했던 날들

외동아들이었던 나는 내가 세상의 중심이라고 생각하며 살아왔다. 지금 생각해 보면 나는 어린 시절부터 교만의 끝을 달렸던 것 같다. 무엇이든지 내 뜻대로 되어야 했고, 공부든 뭐든 잘 하는 것 하나 없으면서 어쩜 그리 근거 없는 자신감이 충만했는지 모른다.

절대 폄하할 뜻은 없지만 대부분의 외동아이들은 나처럼 자기중심적인 경우가 많다. 형제들과 어린 시절을 보낸 친구들을 보면 양보도 잘하고 눈치도 빠르고 기본적으로 갖춰야 할 인성들을 잘 갖추고 있다. 그런데 나는 오직 나만 알았다. 먹는 것도 내가 먹고 싶으면 먹었고, 먹기 싫으면 안 먹었다. 나중에 먹고 싶을 때 찾으면 항상 음식이 남겨져 있었으니 말이다. 그런데 형제들이 많은 집에서는 그렇지 않았다. 바로 그 자리에서 먹지 않으면 나중에 음식이 남아 있지 않기 때문이다. 나는 형제가 없었기 때문에 이런 상황들을 말로만 들었다. 그런데 이제는 세 자녀의 아빠가 되었고, 두 살 터울의 두 형제를 키워 보니 그 상황이 피부로 다가온다.

과자나 음료수가 하나만 있을 때 생기는 엄청난 사태는 수습할 수 없는 상황까지 이르기도 한다. 그것은 거의 전쟁이다. 쟁취를 위한 사투인 것이다. 그런 경험을 수차례 한 후부터 나는 자연스럽게 뭐든지 반드시 두 개씩 구입하는 습관이 몸에 배였다. 하지만 나의 어린 시절은 이런 치열한 경쟁과는 거리가 먼 삶이었다. 혼자여서 아주 여유롭고 평안했기 때문이다.

초등학교 5학년 때까지 충북 옥산에서 살았다. 아버지는 직업군인으로, 군 장교 생활을 오래 하시다가 전역하신 후 그곳에서 목장을 운영하시면서, 지금은 없어진, '서주우유'라는 업체에 직접 짠 우유를 납품하셨다.

이제는 동네가 발전해 많이 변했지만, 당시에는 하루에 버스 몇 대만 다니던 곳이었다. 친구들과 버스를 한 번 놓친 날에는 두 시간 가까이를 걸어야 했던 곳이었다. 그곳에서 자란 나는 거의 자연인에 가까웠다. 여름이면 냇가에서 수영을 하며 잡은 물고기를 구워 먹었고, 겨울이면 뒷산에서 비료 포대로 만든 눈썰매를 타기도 하고, 논밭에 얼어붙은 얼음판에서는 썰매를 탔다. 이렇게 자연과 벗

하며 어린 시절을 보냈던 나는 분명 순박한 소년이었다. 그래서 여름과 겨울방학마다 성남에 있는 사촌 동생 집에 놀러 가면, 엄청나게 화려하고 빠르게 돌아가는 새로운 세상에 놀라 입이 떡하니 벌어지곤 했다. 그렇게 초등학생 시절을 보내던 중 내가 5학년 2학기에 우리 가족은 경기도 성남으로 이사를 했다.

이사하기 전 아버지가 키우던 소들이 갑자기 전염병에 걸리더니 한 마리씩 죽어 갔다. 소가 우리 집을 먹여 살리는 재산목록이었는데, 급기야 모든 소들이 다 죽어 우리는 한순간에 길거리에 나앉을 상황에 놓이게 되었다. 사업을 하시는 분들에 비유하면 부도를 맞고 사업장 문을 닫게 된 것이었다.

당시 나는 어린 나이이여서 잘 기억나지 않지만 아버지가 죽어 가는 소들을 붙잡고 우셨던 기억이 어렴풋이 난다. 그때 아버지는 얼마나 마음이 찢어지셨을까? 이루 헤아릴 수 없는 고통 중에 계셨을 것이다.

그 일이 일어났을 때는 온 가족이 함께 이사를 갈 수 있는 상황도 아니었다. 아버지는 그곳에 남아 있는 문제들을 수습한 뒤 올라오기로 하셨고, 어머니 먼저 경기도 성남에 있는 이모댁으로 피신 아닌 피신을 하게 되었다.

이모 댁의 대문은 하나였지만, 대문을 통과하면 수많은 단칸방들이 들어차 있는 그런 집이었다. 그곳에서 이모와 어머니 그리고 나, 이렇게 셋의 동거가 시작되었다. 그런데 지금 생각해도 참 감사한, 한 가지는 초등학교 5학년이면 알 만한 건 다 아는 나이였고, 고생길 가운데 동참해야 했던 상황이었지만 나에게는 전혀 힘들었던 기억이 없다는 것이다. 집이 망해서 쫓겨 오다시피 했던 상황이었는데 힘들고 어려운 기억이 없는 이유는 어머니가 하나밖에 없는 아들에게 그 어떤 고생도 경험하게 하지 않으시려 노력했기 때문일 것이다.

어머니는 당시 제대로 입지도, 드시지도 않으면서 아들이 친구들 사이에서 왕따라도 당하지는 않을까 옷이며 먹는 것이며 아끼지 않고 챙겨 주셨다.

나중에 내가 다 컸을 때 어머니가 해 주신 이야기 중에 지금 생각해도 눈시울이 뜨거워지는 이야기가 있다. 도시락 반찬을 싸 주시던 어느 날 아침에 어머니가 계란말이를 해 주시는데 안에 넣을 파가 없었던 것이다. 당시에는 파 한 단 살 돈조차 없었기 때문이다. 그렇게 아무 색깔 없는 계란말이를 싸서 보내기가 신경 쓰이셨던 어머니는 집 앞 공동 마당에 있는 조그만 텃밭에서 진딧물 때문에 썩어 가는 깻잎을 떼 오셔서 진딧물을 다 씻어낸 후 계란말이를 해 주셨다고 했다. 오래 전 이야기이지만 아직도 생각하면 눈물이 난다. 그래도 감사한 것은, 당시 갑작스럽게 바뀐 상황 가운데서 불평하고, 투정할 수도 있었던 내가 어머니 말을 아주 잘 들었다는 것이다. 그러니 이 모든 것들 또한 하나님의 인도하심과 은혜라고 생각하며 감사를 드릴 수밖에 없다.

그렇게 지내다 시골의 모든 상황을 수습하고 올라오신 아버지가 회사에 취직을 하게 되었다. 그날은 바로 1988년 8월 8일인데, 지금 생각해도 기막힌 날짜라고 생각한다.

돌아보면, 은혜라고 하지 않고는 도저히 고백할 수 없는 인생의 순간들이 있다. 자칫 상처 받을 수 있었을 내 어린 시절을 함께해 주신 하나님! 또 어렵고 힘든 시절을 잘 이겨낼 수 있도록 우리 가정을 지켜 주신 하나님의 은혜를 또다시 노래한다.

자녀를 키우면서부터 하나님의 마음을 더 가깝고 깊이 느끼게 되는 것 같다. 사랑하는 자녀들이 나에게 '아빠' 하고 큰소리로 부르며 달려와, 원하는 것들을 말하면 아이들에게 해가 될 수 있는 것들을 제외하고는 가능한 한 그 모든 것들을 다 들어 주고 싶고, 그럴 수밖에 없게 된다. 세상 모든 아버지의 마음이 이러한데, 하물며 우리 능력의 하나님 아버지는 어떠실까?

어린 아이들의 눈에 아빠라는 존재는 불가능한 것 없이 무엇이든 다 해 줄 수 있는 능력자의 모습으로 비춰질 것이다. 우리도 아이처럼 순수한 믿음으로 하늘 아버지께 구하고 그분 안에서 답을 찾으려 노력할 때 여호와 이레 하나님이 반드시 응답해 주실 줄 믿는다.

구하라 그리하면 너희에게 주실 것이요 찾으라

그리하면 찾아낼 것이요 문을 두드리라

그리하면 너희에게 열릴 것이니

(마태복음 7:7)

긍정의 어린 시절

'웃겨야 산다!'

내 주위에 나를 아는 가까운 사람들은 나의 개그 코드를 나름 높게 평가해 준다. 물론 열 개 던져서 그 열 개가 모두 성공하는 것은 절대 아니다. 하지만 나는 100%의 승률을 위해 꽤 노력하는 편이다.

이렇게 유머와 개그를 통해 성장했던 삶의 과정들을 통해 나는 초긍정적 마인드를 갖게 된 것 같다. 한 번은 초등학교 시절 같은 반 여자아이가 무슨 일 때문이었는지, 울음보가 터진 적이 있었다. 선생님이 달래도 울음을 그치지 않자, 급기야 선생님은 최후의 히든카드로 나를 부르셨다. 그리고 내려진 긴급 명령은 "웃겨 봐!"였다.

대성통곡하며 펑펑 울고 있는 여자 아이를 웃기라니, 초등학생이 수행해야 할 미션으로는 당황스럽고 난이도가 있는 것이었다. 하지만 나는 그 급박한 순간 소명 의식이 생겼던 것 같다. 당시 유행했던 코미디 프로의 유행어와 개다리 춤인 '숭구리당당 숭당당'으로 그 여자아이의 울음을 그치게 만들었다. 울던 아이가 웃은 것이다.

또 어린 시절 잠들기 전에, 나는 가끔씩 하루를 돌아보곤 했다. 그런데 그것은 사색하며 자아를 성찰하는 시간이 아닌, 오늘 내가 던진 개그 중에 성공하지 못했던 것에 대한 자책의 시간이었다. 다른 사람들을 제대로 웃기지 못했던 부분들에 대해 한참을 끙끙대며 잠을 이루지 못한 적도 있었다. 지금 생각하면 학창 시절에 개그맨의 꿈을 키웠으면 어땠을까 하는 아쉬움이 생길 정도이다.

하지만 무엇보다 중요한 것은 바로 나에게 이렇게 무한 긍정의 힘! 긍정의 마인드를 허락하신 주님의 은혜가 있었다는 것이다. 그래서 사춘기 시절 중학생의 나이로는 감당하기 힘든 일들을 겪으면서도 하나님이 주신 특유의 유쾌한 성격으로 잘 이겨낼 수 있었다.

지금 나는 한시도 쉬지 않는 입으로 변함없는 소명자가 되어 축복의 사람, 개그의 사람으로 사명을 감당하고 있다. 더 감사한 것은 하나님이 멋진 개그 동역자를 만나게 해 주셔서 쉴 새 없이 개그의 삶을 나누며 도전하게 하신다는 것이다. 앞으로도 내가 만나게 될 많은 사람들에게 나의 이 '해피 에너지'가 전해졌으면 좋겠다. 인생의 어려운 순간마다 넘어지고 좌절해 웃을 힘조차 없는 사람들에게 나의 이야기가, 나의 노래가, 나의 개그가 작은 미소로 시작하여 큰 웃음으로 번지는 출발점이 되었으면 좋겠다. 그리고 그것은 분명 내 힘이 아닌 나를 통해 일하시는 예수 그리스도의 완전한 힘이며, 기쁨이다.

나는 내 자녀들이 행복하게 웃으며 기뻐할 때 형용할 수 없는 행복을 느낀다. 아이들이 웃으면 내 마음속 걱정거리들이 남김 없이 사라진다. 우리 아버지 하나님도 이와 마찬가지가 아닐까? 하나님도 그분의 자녀인 우리들이 행복하고 기뻐하기 원하신다. 그리고 하나님이 나를 그런 행복 전하는 축복의 사람으로 만들어주셨음을 믿는다. 하나님이 창조하시고 그분의 목적대로 지으신 자녀들이 모두 행복하고 기쁜 웃음을 지을 수 있도록 내가 그 희망의 통로 역할을 감당하고 싶다.

몇 해 전에 출간된 조엘 오스틴 목사의 「긍정의 힘」이라는 책은 베스트셀러가 되었다. 그만큼 지금 세대에는 긍정적인 마인드가 필요해 보인다. 혹자는 또 이런 말을 했다.

"행복해서 웃는 게 아니라, 웃어서 행복하다."

웃으면 복이 온다는데, 행복한 웃음을 마다할 사람이 있겠냐마는 사실 우리의 현실은 그리 녹록치 않다. 삶을 짓누르는 인생의 무게들, 우리의 힘으로는 도저히 해결할 수 없는 문제들이 마치 산 넘어 산이라는 막막함으로 느껴질 때가 있다. 바로 그 순간이, 새 힘의 공급이 필요한 때이다. 그렇다면 그 공급은 어디에서 올까? 지속적으로 공급되던 모든 전력이 갑자기 끊어지는 당황스러운 순간에 놓여 있다고 가정해보자. 그러나 그 상황에서 예비된 발전기를 통해 다시 모든 전력이 가동될 수 있다면 혼란스러운 시간은 그리 오래 지속되지 않을 것이다.

　우리가 예측하지 못하는 갑작스러운 순간에도 언제나 예비되어 있는, 평생 발전기는 바로 하나님이시다. 그런 하나님이 우리에게 다시 일어날 수 있는 힘을 주시며, 그로 인해 웃음을 잃지 않고 달려갈 수 있는 새 힘을 공급해 주실 것이다. 그러므로 우리는 늘 하나님 안에서 긍정적인 힘을 키워 나가야 한다.

오직 여호와를 앙망하는 자는 새 힘을 얻으리니

독수리가 날개치며 올라감 같을 것이요

달음박질하여도 곤비하지 아니하겠고

걸어가도 피곤하지 아니하리로다

(이사야 40:31)

2부

사랑의 고백

기
도
로

이
뤄
낸

러
브

스
토
리

나는 올해로 결혼 5년차이다. 2008년에 지인의 소개로 처음 아내
를 만났을 당시 아내는 나를 싫어했다. 첫인상이 날라리 전도사 같
다는 것이었다. 그도 그럴 것이 아내는 나를 처음 만났을 때, 이제
막 주님을 인격적으로 경험하고 뜨겁게 신앙생활을 시작하던 시
기였다. 그러니 찬양에 대해서 잘 알지 못했고 CCM이라는 장르는
더욱 생소할 수밖에 없었던 것이다. 그리고 내가 찬양하는 모습을
처음 보게 된 날의 무대는 얼마 전에 있었던 '축복의 사람' 콘서트
무대를 그대로 옮긴 것이었기 때문에 그 화려한 모습에 아내는 찬
양의 진실성에 대해 더욱 혼란을 느꼈던 것 같다. 아내는 내가 찬양

하는 모습을 보고 '아니 어떻게 저런 세상 노래 같은 곡들을 부를 수 있지?'라고 생각했던 것이다. 나중에 더 자세히 들은 이야기인데, 당시 아내는 내가 보이는 모습에 치중해 겉멋이 든 찬양 사역자로 느껴졌다고 했다. 그 이야기를 듣고 정말 억울했지만 그게 나의 첫인상이었다니 할 말이 없었다. 어찌됐든 그렇게 시작된 첫 만남이었기에 아내의 마음 문은 굳게 닫힌 상황이었다. 그리고 첫 만남 이후 몇 번을 더 만났지만, 서로의 마음은 많이 달랐다.

나는 친구에게 지금의 아내를 처음 소개받는 순간부터 미래에 대한 뚜렷한 목적과 기대감이 있는 만남을 생각했었고, 그 사람에 대해 하나님이 보내 주신 배우자라는 확신을 경험했었기 때문이다. 하지만 나와는 차원이 다른 아내의 닫혀진 마음을 확인한 순간 속이 많이 상했다. 그러던 어느 날 급기야는 아내로부터 글이 왔다. 아내의 개인 홈페이지에 비밀 글로 작성된 글이었는데 그 글은 매우 길었고 읽기 전부터 불안한 느낌이 강력하게 들었다. 글의 요지는 아래와 같았다.

…… 저는 지금 누군가를 만날 상황도 아니고, 그런 마음도 없습니다. 그래서 전도사님과 그냥 좋은 믿음의 동역자로 지냈으면 좋겠어요.

늦은 밤 이 글을 끝까지 읽고 나는 좌절했다. 마음이 심히 괴로웠

고, 그것은 단순히 거절을 당했다는 모욕감에서 오는 공허함이 아
니었다. 이 사람이야말로 정말 하나님이 나에게 보내 주신 사람이
라고 생각했기 때문에 그 신념이 와르르 무너지는 것 같은 충격에
너무 속상했다. 그리고 그런 거절을 당해본 적이 처음이었기 때문
에 그 좌절감은 더욱 컸던 것 같다.

그런데 그때 나는 스스로 참 이상한 변화를 감지했다. 그전에는
성격상, 그리고 경험상, 내 마음과는 다르게 상대방이 아니라고 하
면 나 역시 내 인연은 아닌가 보다 생각하는 쿨한 마인드를 가지고
살았었다. 상대방이 나에 대한 마음이 없는데 내가 굳이 계속 강요
할 필요는 없다고 생각했던 것이다.

그런데 이번만큼은 달라도 많이 달랐다. 아내가 나에게 장문의
글로 고백한 내용들, 확실히 선을 긋는 모습들에 대해 속상하고 좌
절스럽기는 했지만, 아내의 말처럼 그저 좋은 오빠와 동생으로, 믿
음의 동역자로, 그렇게라도 옆에 있고 싶은 마음이 생긴 것이다. 나
스스로도 놀라움을 금치 못할 만한 내 속의 변화를 느끼며 나는 아
내에게 솔직한 마음을 전했다. 나를 절대 부담스러워하지 말고, 글
에 적은 것처럼 좋은 믿음의 동역자로, 때로는 힘이 되는 오빠로 편
하게 옆에 있겠다고 말이다. 그리고 나 또한 이 사람 옆에서는 그렇
게라도 함께 있고 싶었기 때문이다.

지금 이 글을 적는 순간에도 그때를 돌아보면 내가 참 잘했다는
생각이 든다. 내 자아, 내 자존심을 다 내려놓고 상대방이 원하는

대로, 부담 없는 편안한 사람으로 있고 싶다는 마음이 아니었으면 아마 아내는 나를 더더욱 밀쳐 내려 했을 것이다. 즉 내 마음, 내 뜻대로 결정했다면 결과는 불 보듯 빤했을 것이다. 나는 이 모든 생각들과 결정을 내릴 수 있도록 지혜를 주신 분도 하나님이시라는 사실을 믿는다.

어쨌든 그렇게 해서 나는 아내와의 연락을 이어갈 수 있었다. 아내 역시 나를 이전보다는 조금 편안하게 대하는 것 같았다. 그러나 놀라운 역사는 그때부터 서서히 드러나기 시작했다. 그것은 바로 기도의 역사, 기도의 응답이다.

사실 당시 아내와 좋은 동역자로, 편한 사이로서 관계를 정립한 이후에도 내 안에서는 로맨틱한 감정이 사라지지 않았다. 어떻게 해서든 마음을 접어야 할 때라고 생각해 보고 독하게 행동해 보려 노력했지만, 아내를 향한 나의 마음은 더욱더 뜨거워져만 가는 것이었다. 아내는 자신의 태도를 표명한 상태였고, 나는 그것을 백 퍼센트 수용하며 부담을 주지 않는 편안한 사람으로 지내겠다는 약속을 했는데, 그럼에도 불구하고 내가 또다시 아내에게 처음의 감정을 표현한다면 집착의 수준을 넘어 거의 스토커로 여겨질 수도 있겠다는 생각이 들었다. 나는 도무지 이성적으로 제어가 안 되는 마음 때문에 너무 힘들고 괴로워서 주께 기도를 드렸다.

'하나님! 이 자매가 정말 주님이 보내 주신 자매가 아니라면 제 마음속에서 확실하게 정리될 수 있도록 도와주세요! 하지만 주님

이 허락하신 자매라면 자매의 마음을 제발 돌려 주세요!'

기도를 하고 나니 마음이 편안해졌다. 그리고 주께 정말 모든 것을 맡기고 나니 아내와의 관계가 한결 편안해진 것 같았다. 물론 아내는 내 마음속에 이런 소용돌이가 일어나고 있었다는 걸 전혀 알 수 없었을 것이다.

그러던 와중에 나에게는 든든한 '기도 동역자'가 생겼다. 그는 내가 사랑하는 동생이자 동역자인 CCM 가수 김 브라이언이다. 당시 나는 부모님과 살던 집에서 나와 독립을 했는데 그때 나의 룸메이트가 김 브라이언이었다. 그런데 참 시기적절하게도 그 시절 브라이언과 나는 각자 마음에 품은 자매가 있어 '오, 주여! 이 자매를 내게 주소서'라고 부르짖어 기도하고 있었다. 그런데 그 기도가 어찌나 간절하고 애끓는 기도였는지, 둘 다 하루 일정을 마치고 들어와서 피곤할 법도 한데 정말 매일 같이 두 손을 부여잡고 기도하며 서로를 위해 기도하는 중보의 용사가 되어 주었다. 이 뜨거운 기도는 3개월여 동안 식을 줄을 몰랐다.

그러던 어느 날이었다. 남자 둘이 살았기 때문에 제대로 청소를 하며 사는 것이 만무했지만 사람이 사는 집이니 최소한의 모습을 갖추기 위해 정리를 하고 있었다. 설거지를 하고, 세탁기를 돌리고, 쓰레기 분리수거를 하던 그때, 아내에게 전화가 걸려 왔다.

아내가 먼저 전화를 걸었던 경우는 정말 손에 꼽을 정도였는데 그것도 업무적인 통화들이었다. 그런데 그날 저녁에 먼저 전화가 걸려 온 것이었다. '앗! 이게 웬일이지?'라는 설렘을 가지고 전화를 받았다.

"전도사님~ 뭐하세요?"

밝고 명랑한 하이 톤의 목소리가 들려왔다. 집안일을 하고 있다는 얘기를 하기가 머쓱하기는 했지만 그래도 편하게 이야기했다.

"어? 나 지금 쓰레기 분리수거하고 있었어."

사실 이런 상황에서는 여러 가지 설정을 할 수 있었을 것이다. 독서를 한다거나, 곡 작업을 한다거나, 성경을 보고 있다거나 하는 대답들이 그래도 좀 있어 보이긴 하니까 말이다. 하지만 지나고 생각해 보면 그 순간 내가 청소를 하고 있는 그 상황을 그대로 이야기한 것이 정말 큰 은혜였다고 생각한다. 당시 아내는 외국에서 디자인 전공으로 유학을 마치고 돌아와 멀티숍을 운영하고 있는 여사장님이었다. 그랬기 때문에 업무적으로 많은 사람을 만나는 중이었고, 또 그즈음에는 협력 업체와 새로운 가방 브랜드를 론칭하기 위해 수차례 미팅을 하고 있는 시점이었다. 하루에도 수많은 사람을 만나고 이야기하고 상대하다 보니 지치기도 하고 또 비즈니스상 만나는 미팅 자리가 딱딱하고 재미없었던 것이다. 그런 비즈니스 파트너들과 무미건조한 업무상의 만남에 대해 염증을 느끼고 있을 때쯤 아내는 불현듯 내 생각을 한 것이었다. 아내에게 불현듯 나를 생각나게 해 주신 분은 하나님 외에 누가 있을까?

그날 아내는 관계자들과 저녁 식사 후 함께 노래방에 갔다고 했

다. 가뜩이나 내키지 않는 무거운 발걸음으로 그저 자리만 채우려
고 간 자리에서 노래방 책을 넘기고 있는데, 그곳에서 처음으로 찬
양 목록이 있다는 사실을 발견했다는 것이다. 아내는 너무 신기한
나머지 어떤 찬양들이 있는지 찾아보다가 바로 내가 소속된 팀이
었던 '워킹'의 노래인 <기대>가 눈에 딱! 들어왔다고 했다.

아내는 내가 '축복의 사람'으로 사역하기 이전에 워킹 팀으로 찬
양 사역을 시작했다는 사실을 알고 있었고, 또 <기대>라는 찬양을
좋아하고 즐겨 부른다고 했었다.

그 수많은 노래 제목들 사이에서 찬양 카테고리를 발견한 사실
도 재미있지만 그중에 내가 속해 있던 팀이 불렀던 <기대>라는 찬
양이 짠! 하고 나타났던 것이다. 그 순간 놀라운 현상이 일어났다.

갑자기 아내 마음속에 '전도사님은 지금 뭐하고 계실까?'라는 궁
금증이 물밀 듯이 밀려왔다고 했다. 그리고 바로 그 순간 내가 보고
싶은 마음이 생겼다고 했다. 그래서 모임을 마치고 나와 집으로 돌
아가던 길에 나에게 먼저 전화를 걸게 되었던 것이다.

"사람이 마음으로 자기의 길을 계획할지라도 그의 걸음을 인도
하시는 이는 여호와시니라"라는 잠언 16장 9절 말씀이 순간 나에
게는 다음과 같이 다가왔다.

'아내가 자기의 마음으로 나에게 선을 긋고 나를 밀어내려 할지
라도 아내의 마음을 인도하시는 분은 여호와이시니라!'

아내는 계속되는 사업상 만남과 프로젝트에 지쳐서 스트레스를

받고 있었던 무렵, 나에게 전화를 걸었고 "지금 뭐하고 있었냐?"는 질문에 '쓰레기 분리수거'를 하고 있었다는 내 대답을 들은 것이다. 그리고 아내는 순간 말로 표현할 수 없을 만큼 측은하고 소박한 나의 모습에 짠한 감동을 받게 되었다고 한다. 이 마음을 주신 분은 또 과연 누구실까?

비즈니스 세계에서 만난, 소위 스펙 좋은 수많은 CEO들과 홀로 자취방에서 쓰레기 분리수거를 하고 있는 한 찬양 사역자. 어디서 어떻게 아내 마음속에 그런 감동이 생겨날 수 있었던 것일까? 현실적으로 지지리도 없어 보이고, 궁상맞아 보일 수 있는 나의 상황에 말이다. 그 소박한 모습에 감동을 받다니, 그렇다면 아내가 과연 진정한 평강공주란 말인가?

그러나 나는 확신한다. 이것이 바로 기도의 응답인 것을 말이다. 세상의 기준으로는 절대 이해할 수 없는 상황이지만, 하나님은 두, 세 사람이 주님의 이름으로 모인 곳에 함께하셔서 우리의 간절한 기도를 들으시고 반드시 응답하시는 분이다. 그러니 나와 김 브라이언의 간절한 기도를 들으시고 마침내는 응답해 주신 주님을 찬양하고 또 찬양할 수밖에 없다. 그렇게 내게 강력한 측은지심과 소박한 감동을 느낀 아내는 급기야 나에게 폭탄 메시지를 던졌다.

"혹시……, 저 아직도 좋아하세요?"

"……."

"여보세요? 아직 좋아하시냐고요?!"

'이게 도대체 무슨 상황일까? 내가 지금 무슨 이야기를 들은 것일까?' 신년 때마다 TV를 통해 들었던 타종 소리가 머릿속에서 울려 퍼지는 것 같았다. '뎅~ 뎅~ 뎅~!' 나는 더 지체하면 다시는 대답할 기회가 돌아오지 않을 것 같아 신속히 대답했다.

"어? 그, 그럼. 당연히 조, 좋아하지!"

그리고 잠시 동안의 침묵이 흘렀다. 곧이어 아내는 오늘 있었던 일들을 이야기해 주었다. 업무 미팅 이후에 노래방에서 발견한 <기대>라는 찬양을 보고 내 생각이 났으며 갑자기 전화를 걸고 싶어졌다는 마음을 말이다. 아내의 이야기를 듣고 있는데, 내 마음속에는 아내가 너무 보고 싶은 마음이 생기기 시작했다. 이전 같았으면 가뜩이나 선을 긋고 있는 마당에 절대로 해서는 안 될 말이었지만, 그 순간만큼은 정말 보고 싶은 마음을 솔직하게 고백하지 않고서는 견딜 수가 없었다. 그래서 나는 담대하게 고백을 했다.

"그런데…… 지금 너무 보고 싶은데?"

"그래요? 그럼 만날까요?"

'샤라라라~ 라라라라~' 그때 내 머릿속에는 한 이온 음료 광고의 시엠송이 울려 퍼졌고 나는 상상 속에서 하늘을 날아다니고 있었다.

"하하하!"

나의 웃음소리는 메아리처럼 울려 퍼졌고, 나는 로맨틱 판타지 영화의 남자 주인공이 된 듯이 상상 속에서 저 하늘 높은 곳의 상쾌함을 느끼며 날아다니고 있었다.

"그래 알았어! 지금 바로 갈게."

나는 전화를 끊고, 늘 출동 명령에 대기하고 있었던 '5분 대기조'처럼, 신속하고 정확하게 출발했다.

바로 이것이 '남자의 타이밍'이다. 나는 이 '남자는 타이밍'이 중요하다는 사실을 꼭 말하고 싶다. 여느 젊은 남녀 커플의 줄다리기 같은 완급 조절 식의 사랑이 아니라, 때로 인내하며 기다릴 줄 아는 시간 말이다. 그리고 바로 지금이라고 생각되면 담대히 선포할 수 있는 대담함! 이것이 매우 중요한 원칙임을 나는 몸소 깨닫게 되었다.

그렇게 나는 기동력을 발휘해 아내가 살고 있는 동네로 날아가서 아내와 함께 인근의 한강 둔치에서 드라이브를 하며 대화를 나눴다. 그것은 정말 꿈에서만 그리던 놀라운 일들임에 틀림없었다. 그때 나는 정말 꿈만 같아 볼을 꼬집어 보고 싶을 정도로 행복하고 기뻤다.

"그럼 우리 오늘부터 특별한 만남을 시작하는 거야?"

그렇게 2007년 11월 1일, 넓게 트인 한강을 바라보며 아내와의 역사적인 '특별한 만남'이 시작되었다. 교제를 시작한 후에는 하나님이 여호와 이레 길을 열어 주셨으며 모든 일들이 일사천리로 진행되었다. 나는 가진 것 없는 찬양 사역자였고, 아내는 이태리 유학파 출신의 멀티숍 운영자였지만 하나님이 아내의 눈에 은혜의

꽁깍지를 씌어 주시고 나를 품게 해 주신 것이다. 그리고 아내에게
는, 기도하며 나와 동역하는 내조의 삶을 통해 하나님이 멋지고 놀
랍게 사용하실 만한 사람이 되도록 나를 돕겠다는 야무진 각오가
생겼다고 했다.

그렇게 우리는 만난 지 5개월만에 상견례를 하고 그해 9월달에
믿음의 가정을 이루게 되었다.

나는 종종 후배들에게 나의 성공 러브 스토리를 간증하곤 한다.
이 글을 읽고 있는 인생의 후배들에게도, 그리고 지금 이 순간 결코
이루어질 수 없는 짝사랑이라고 생각하며 한숨짓고 애타하는 형제
들에게 용기를 전하고 싶다.

"할 수 있거든이 무슨 말이냐 믿는 자에게는 능히 하지 못할 일
이 없느니라 하시니"라는 마가복음 9장 23절 말씀을 가슴에 품고
또 찬양을 부르며 도전해 볼 것을 먼저 당부하고 싶다.

연애, 그 달콤하면서도 쌉싸래한 주제에 대해서는 정말 모든 젊
은이들이 지대한 관심을 가지고 있을 것이다. 하지만 연애 시절을
지나 결혼에 골인하기까지, 가장 중요한 키워드를 말하자면 바로
'타이밍'이다.

많은 사람들은 연애를 하면서 그 순간 옆에 있는 사람을 '내 사
람'으로 속단하기 쉽다. 그러나 이것은 사람의 타이밍이다. 우리
가 생각하기에 그런 것일 뿐이다. 하지만 꼭 기억해야 할 것이 있
다. 그것은 바로 하나님의 타이밍이 내 인생을 결정해야 한다는 것

이다.

나는 평생을 함께하게 될 내 인생의 동반자를 위해, 나의 룸메이트이자 동역자였던 김 브라이언과 열방을 품고 기도할 만큼 간절히 기도했다.

그 간절한 기도를 들으신 하나님의 때가 찼으므로 내 기도가 이루어졌다는 사실을 나는 의심치 않는다. 그런데 우리가 배우자 기도를 할 때는 쉽게 실수할 수 있는 부분이 있다. 그것은 미래의 배우자에 대한 수많은 조건을 구체적으로 적어 놓고, 이런 배우자를 달라며 잘못된 기도를 하는 것이다. 우리는 우리의 기준과 조건들이 아닌, 하나님이 우리 한 사람, 한 사람을 위해 예비해 놓으신 배우자를 한눈에 알아볼 수 있는 영의 시각을 허락해 달라고 구해야한다. 또한 반드시 사람의 타이밍이 아닌 하나님의 타이밍에 이루어질 수 있도록 자신의 모든 시간표를 주께 맡겨야 한다.

그렇다면 배우자의 기준으로는 어떤 것이 최고일까? 나는 이 질문에 대해 확실한 대답을 가지고 있다. 바로 평생 함께하며 '웃음의 소통'이 되는 배우자가 최고라고 말이다.

나에게 있어 아내는 정말 최고의 코미디언이다. 아내와 함께 살면서 겪게 되었던 수많은 에피소드가 있는데 몇 가지를 소개한다.

신혼 초에 우리는 아버지와 저녁 식사를 하게 되었다. 며느리 사랑은 시아버지라고 하듯이, 아버지는 며느리에게 먹고 싶은 것이무엇이냐며 물어보셨다. 아내는 뭐든지 다 잘 먹는다며 아버님이 정하시라고 했는데, 아버지는 며느리에게 다시 한 번 결정권을 넘기셨다.

"그럼, 내가 몇 가지 메뉴를 얘기할 테니 한번 골라 봐. 삼겹살, 갈비, 오리고기, 보쌈."

그런데 메뉴가 전부 고기였다. 그래서 아버지의 이야기를 들은 아내는 고기 메뉴로 꽉 찬 보기들이 재미있었는지 입을 열었다.

"어머! 아버님 정말 육식동물이시네요!"

아내는 사실 이 말을 하고 싶었을 것이다. '어머! 아버님 정말 육식체질이시네요!'

아내는 시아버지를 한순간에 육식동물로 만들어버린 것이다. 아내의 말을 들은 아버지는 분명 당황하신 모습이었는데 애써 태연한 척, 헛웃음을 지으시며 말씀하셨다.

"허허허, 그렇지! 내가 육식을 좋아하니까 육식동물 맞지!" 그후 또 한 번 아버지와 함께 식사할 기회가 생겼다. 얼마 전 '육식동물 사건'이 내심 신경 쓰이셨던지 그날 아버지가 말씀하신 메뉴는 '회'로 확정되어 있었다. 그날도 즐거운 담소를 나누며 식사를 잘 마쳤다. 그리고 식사 후 아버지는 며느리를 향해 세심한 친절을 베풀어 주셨다. 카운터에 있는 몇 가지 사탕을 들고 오셔서 며느리에게 디저트로 챙겨 주셨던 것이다. 그런데 이 사탕들이 사건의 시작이었다. 아버지가 가져오신 사탕은 누룽지 맛, 계피 맛, 박하 맛으로 모두 아내가 싫어하는 사탕들이었다. 그래서 아내는 사탕들을 손에 쥐고 해맑은 웃음을 지으며 '돌직구'를 날렸다.

"어?! 전부 내가 안 좋아하는 사탕들이네!"

그러면서 테이블 위에 내려놓는다는 것이 힘 조절이 잘 안되었는지 너무 세게 놓아, 계피 맛 사탕 하나가 하필이면 아버지 앞으로 또르르 굴러간 것이다. 잠시 정적이 흐른 후 아버지의 전매특허, 헛웃음이 또다시 이어졌다.

"허허허! 우리 며느리가 계피 맛 사탕을 싫어하는구나! 내가 몰랐네? 허허허허!"

또 아내는 머릿속에 떠오른 생각을 최대한 빨리 말로 옮기는 능력(?)을 지니고 있다. 연애시절 내가 문자 메시지로 보내 준 새로운 이모티콘이 예뻤던지 나에게 답문을 했다.

'와! 이모콘티 예쁘다!'

아내는 분명, '와! 이모티콘 예쁘다!'라고 말할 생각이었을 것이다.

신혼 초에는 주일 아침 이른 시간부터 늦은 오후까지 교회 일정을 마치고 돌아오는 차 안에서 나른함을 느끼며 말했다.

"아, 나른하니 '춤'을 못 추겠다!"

아내는 '나른해서 맥을 못 추겠다.'라고 하고 싶었던 것이다. 또 하루는 대화를 한참 나누던 중에 아내가 갑작스럽게 호들갑을 떨며 소리를 쳤다.

"어! 지금 이 상황! 나 꿈에서 봤어! 우와 신기해! 이거 완전 랑데뷰 현상이야!"

아내는 '데자뷰 현상'이라고 말하고 싶었을 것이다.

나는 아내의 이런 치명적인 빈틈(?)이 너무나 사랑스럽다. 정말이지 아내의 이런 매력을 경험하면 절대 헤어 나올 수가 없다. 그리고 또 계속 기대하게 된다. 평생 아내가 제공해 주는 이 행복한 웃음을 경험하며 살 생각을 하면 정말 흐뭇하다. 가난한 찬양 사역자를 만나 많이 포기하며 내려놓고 사는 아내가 더 행복한 미소를 지을 수 있도록 나 또한 최선을 다해 노력할 것이다. 우리 가정을 책임져 주시는 주님 앞에 늘 무릎 꿇고 기도하며, 그렇게 아내와 함께 믿음의 길을 달려 나갈 것이다.

아내가 있어서 나는 매 순간 웃을 수 있다. 부족한 나를 늘 믿어 주고 나를 위해 기도해 주는 최고의 동역자를 보내 주신 하나님에게 감사드린다. 하나님이 우리에게 맡겨 주신 믿음의 자녀들을 예수님의 사랑으로 양육하고, 더 멋진 믿음의 가정을 만들어 가겠다고 늘 고백하며 살고 싶다.

아내와 함께 열어 가는 새로운 하루하루 가운데 때로는 미소 짓게 하시고, 때로는 박장대소하게 하시는 주님의 인도하심을 경험하면서 나는 우리 예수님이 얼마나 유머러스하고 위트 있는 분이신지 감탄할 수밖에 없다. 예수님의 이런 뛰어난 유머 감각을 담고 싶다. 슬픔과 절망 가운데서도 믿음으로 여유 있는 웃음을 짓게 해 주시는 주님의 넘치는 센스를 말이다.

결혼하고 첫째가 생기고 이어서 둘째, 셋째를 기르는 동안 5년이라는 시간을 롤러코스터 같이 보낸 듯하다. 그러나 여전히 우리 철 없는 부부는 깊은 밤 아이들이 머나 먼 꿈나라로 빠져든 시간이면 둘만의 끊임없는 수다를 폭풍처럼 이어간다.

앞으로 10년, 20년 후에도 아내와 이렇게 재잘거리며 보내고 싶다. 서로가 마음의 창을 활짝 열어 소통하고 함께 숨 쉬는것, 이것 이야말로 배우자의 가장 기본적인 역할일 것이다. 나는 아름다운 믿음의 가정을 꿈꾸고 있는 청년들에게 이 이야기를 꼭 전하고 싶다. 함께 소통할 수 있는 배우자를 선택하라! 일방적인 대화 진행의 구조가 아닌, 서로의 생각을 함께 나눌 수 있으며 대화가 통하는 사람이야말로 평생을 지내면서도 결코 지루하지 않은 친구 같은 배우자가 될 것이다. 나를 만드신 이가 나의 체질을 가장 잘 알듯이 나의 기준과 하나님의 기준은 분명 다르다는 것 또한 잊지 말아야 한다.

여호와 하나님이 이르시되

사람이 혼자 사는 것이 좋지 아니하니

내가 그를 위하여 돕는 배필을 지으리라 하시니라

(창세기 2:18)

민
음
의

기
업,

가
정

꿈만 같던 신혼여행을 보내고 일상으로 돌아왔다. 그리고 그 후로
는 혼자가 아닌 둘이라는 사실이 그렇게 든든하고 행복할 수가 없
다. 먼저 결혼한 선배들의 말에 의하면 더 이상 연애할 때처럼 데이
트가 끝나면 헤어져서 각자 집으로 돌아가지 않아도 되는 것이 얼
마나 좋은지 모른다고 하던데, 정말 그 말이 맞다. 하루 종일 함께
시간을 보내고 나서도 한집으로 같이 들어올 수 있다는 이 작은 일
이 큰 기쁨으로 느껴져 정말 감사하다.

　그렇게 시작된 우리의 결혼 생활에도 기본적인 계획들이 있었
다. 그것은 여느 신혼부부들도 다 하는 가족계획이었다. 우리는 조

금 더 둘만의 신혼을 즐기다가 몇 년 후에 자녀를 갖기로 했다.

그렇게 신혼의 단꿈에 빠져있을 무렵, 내가 당시 사역하던 교회에서 강원도 설악산으로 1박 2일의 교역자 수련회를 가게 되었다. 처음으로 아내도 동행했다. 수련회는 목사님과 함께 교회 사역에 대한 점검도 하고 새로운 사역 목표를 세우는 시간들로 이루어졌는데 틈틈이 맛있는 음식을 먹고 설악산 산행도 하며 담소를 나누는 매우 의미 있는 시간이었다. 설악산 산행 중 어느 전통찻집에서 차를 한 잔 마시며 목사님 내외분과 함께 대화를 나누던 중 목사님이 질문을 하셨다.

"전도사님과 사모님은 언제 아이를 가질 계획이세요?"

"저희는 몇 년 정도 둘만의 시간을 보내고 아이를 가질 계획입니다."

우리는 결혼 초부터 늘 생각했던 가족계획을 편하게 말씀드렸다. 그런데 내 대답을 들으신 목사님은 잠시 생각하더니 말씀해 주셨다.

"전도사님, 믿음의 가정에서 자녀를 갖는 계획은 사람의 계획보다 하나님의 계획에 맡기는 것이 맞다고 생각합니다. 사모님과 함께 기도해 보세요."

그때 '사람의 계획이 아닌, 하나님의 계획'이라는 목사님의 말씀이 마음에 강하게 와 닿았다. 내 인생이 하나님의 계획 가운데 진행되고 있으니, 그리고 믿음의 가정 역시 주님이 허락해 주셨으니,

나의 계획을 내려놓고 그분께 내 인생을 맡기는 게 정답이라는 생
각이 들었다.

그런데 정말 하나님은 정확하신 분이다. 마음을 정하고 그분의
계획을 따르겠노라 기도를 드리자마자 아주 신속하고 정확하게 아
내에게 변화가 오기 시작했다.

하루는 아내가 몸살 기운이 있어서 약을 먹고 좀 쉬어야겠다고
했다. 그런데 그때 우리는 직감했다. 여자의 본능적인 '촉'은 무시
할 수 없는데, 아내의 표정이 심상치 않았다. 그러고는 동시에 나
와 눈이 마주친 순간 텔레파시 같은 것을 느끼며 예감하게 되었다.
그때 우리는 임신 초기 증상이 감기 몸살 기운과 비슷하다는 사실
을 알았다.

아내는 임신을 했다. 그야말로 허니문 베이비에 가까웠다. 결혼
한 지 한 달 만에 일어난 축복이었다. 우리 가정에 주님이 주신 첫
선물이라고 생각하니, 첫아이를 가진 기쁨이 하늘을 찌를 듯 했다.
병원에서 임신 사실을 확인하고 나오는 차 안에서 아내에게 축하
한다는 말을 전하는데 얼마나 감격스럽던지 기쁨의 눈물이 흘렀
다. 하나님이 우리 가정에 새 생명을 허락하시고 매우 큰 선물을 주
셨다는 생각을 하자 정말 감사하고 행복했다. 그 순간 우리 부부
가 결혼하며 가졌던 자녀 계획에 대한 모든 생각은 언제 했었냐는
듯이 저 하늘로 날려 버리고 이 기쁜 소식을 양가 부모님에게 빨
리 알리기 위해 전화를 드렸다. 부모님과 장모님 모두 기뻐하고 축

하해 주시니 우리 부부의 마음에는 기대와 기쁨이 더욱 가득했다.

10개월이라는 기다림의 시간이 우리 앞에 주어졌다. 임신 초기에 아내는 입덧이 너무 심해서 두 달여간 식음을 전폐하고 침대에 누워만 있었다. 제대로 먹지를 못하니 기운이 하나도 없는 아내의 모습이 그렇게 불쌍하고 안타까울 수 없었다. 두 달간 힘겨운 입덧의 시간을 보내고 아내가 조금씩 먹을 수 있게 되었을 무렵, 그때부터 나는 '맛집'이 있는 곳이라면, 아내가 먹고 싶은 것이 있다면 어디든지 달려가는 사명자의 모습으로 살았다. 또 신기한 것은, 임신을 하면 때마다 먹고 싶은 게 생긴다는 것이었다.

하지만 입덧이 끝난 후의 파장은 엄청 났다. 아내가 먹고 싶은 게 있어서 내가 바로 사 오면, 아내는 몇 수저 뜨고 더 이상 먹지 못하는 것이었다. 그러니 그 음식들은 자연히 내 뱃속에 저장되기 시작했다. 아내가 임신하면 남편 배도 함께 불러 온다고 하는 우스갯소리가 있던데 그게 바로 내 얘기였다. 내 배는 아내의 배에 뒤질세라 날로 불러 갔다. 특히 매일 밤 먹는 야식들로, 내 허리를 두른 러브 핸들(?)은 더욱 탄탄해져 갔다. 그런데 사실 누구의 핑계도 댈 수 없다. 먹는 걸 좋아하는 내가 '바로 이때다!' 싶어서 먼저 아내에게 권유하기 일쑤였던 것이다. '자기야 뭐 먹고 싶은 거 없어? 배고프지 않아? 혹시 이거 당기지 않아?' 하면서 아내를 유혹하곤 했다. 그러다보니 나는 결혼 후로 10킬로그램을 훌쩍 뛰어넘는 사건을 매우 단시간에 경험하기도 했다.

첫아이의 태명은 '아론'이었다. 이스라엘 최초의 대제사장이자 모세의 형, 아론과 같은 믿음의 제사장이 되길 바라는 마음으로 지은 태명이었다. 하루하루 아론이를 기다리는 우리 부부의 기대는 커져만 갔다. 그런데 돌아보면 재미있고 즐거운 일들도 많았지만, 모든 게 처음 경험하는 일들이어서 참 많은 시행착오를 겪었던 것 같다. 특히 처음 경험하는 큰 변화들을 혼자서 감당해야 했던 아내에게 정말 미안한 마음이 가득하다. 한창 멋 부리고 꾸미기 좋아할 나이에 갑자기 닥쳐온 신체적인 변화, 그리고 그것보다 더 아내를 힘들게 했던 심리적인 변화들. 당시 내가 조금 더 아내의 마음을 이해하고 배려해 주었다면 충분히 감당할 수 있었을 부분들이었는데, 나는 그 부분들을 놓치고 있었던 것이다. 그렇게 어려운 일이 아니었는데도 말이다. 아내가 혼자 있는 시간이 많지 않도록 최대한 함께 있어 주고, 또 이야기를 들어주고, 먹고 싶은 것도 함께 먹으러 가고, 말 그대로 함께 많은 시간을 보내며 자리를 지켜 주는 것, 그거면 되는데 내 입장에서는 '왜 모든 엄마들이 겪어야 할 일인데 우리 아내만 이렇게 힘들어 하지? 이 시간도 기쁨과 감사함으로 이겨 내면 정말 좋을 텐데……'라는 생각을 하며 아내의 마음을 헤아려 주지 못했다.

그러던 어느 날 참고 참았던 아내가 폭발하는 사건이 일어났다. 나는 금요 기도회에 참석하기 위해 차를 타고 이동하던 중이었는데, 아내에게 전화가 걸려 왔다. 그리고 아내는 대뜸 말을 꺼냈다.

"뭐가 그렇게 바빠서 전화도 제대로 안 해?"

그 말을 듣는 순간 억울했다. '조금 전 분명히 집에서 나올 때 얼굴 보며 인사도 하고 나왔는데 내가 무슨 바쁜 척을 했다는 거지?'라는 생각이 들었다. 그런데 아내의 목소리는 더 격앙되었고, 급기야는 눈물을 흘리며 울먹이면서 볼멘소리를 했다.

"내가 혼자서 얼마나 힘들고 외롭고 답답한지 알기나 해? 자기는 매일 밖으로 다니면서 사역도 하고 사람들 만나고 기분 전환도 하지만 나는 무거운 몸으로 항상 혼자 집에만 있어야 하는 게 얼마나 지루한지 알기나 하냐고!"

아내가 울분을 터트리며 얘기하자 나는 당황할 수밖에 없었다. 그 상황에서는 아내의 이야기를 다 들어 주기만 했어도 별 문제 없었을 것인데, 나는 그 순간을 참지 못하고 억울한 마음에 같이 화를 냈다.

"아니, 내가 매일 놀러 다니는 사람도 아니고, 나도 나름대로 바쁘다고! 그리고 솔직히 나처럼 신경 많이 써 주는 사람이 어디 있다고 그래? 왜 이렇게 사람이 감사함이 없어?"

순간, 나 역시 감정을 조절하지 못하고 해서는 안될 이야기를 한 것이다. 그때 아내의 마음은 얼마나 속상했을까? 큰 걸 바라는 게 아니라 그저 이야기를 들어주고 힘들었을 아내의 마음을 위로해 주면 되었을 것을, 내 생각만 하고 같이 화를 낸 스스로의 모습이 후회스러웠다.

하지만 이미 엎질러진 물이었고 아내 마음에는 상처가 남았다. 나 또한 교회로 가는 길에 일어난 갑작스러운 상황 때문에 무거운 마음으로 예배를 드릴 수밖에 없었다.

그날 찬양과 말씀이 끝나고 기도회가 시작되었는데 마음 깊은 곳에서 회개의 기도가 나왔다. 아내에게 미안한 마음이 가득해지며 속이 쓰려 왔다. 하나님이 가정을 허락해 주시고 믿음의 가장으로 세워 주셨는데, 나의 부족함과 모자람 때문에 가장의 역할을 제대로 못한다는 생각이 들어서 마음이 아팠다. 그렇게 주께 눈물, 콧물 흘려 가며 회개의 기도를 드리고 또 연약한 나를 통해 강함이 되시는 주님의 능력을 경험하게 해 달라고 간절히 부르짖었다. 내 힘으로, 내 능력으로는 되지 않으니 주님이 믿음의 가장 역할을 잘 감당할 수 있도록 인도해 달라고 말이다. 나는 예배를 드리고 나서 집으로 가기 전에 아내에게 사랑이 가득 담긴 문자를 보냈다. 그리고 뜨거운 사랑을 담은 하트로 도배를 했다.

'자기야, 미안해. 내가 많이 힘든 자기 마음 헤아리지 못하고 또 내 입장에서만 생각했네. 앞으로 자기에게 더 큰 기쁨과 행복을 주는 남편, 그리고 아빠가 될 게요! 알러뷰~*-*'

그러자 잠시 후 아내에게서 답문이 왔다.

'아니에요. 나도 더 인내하지 못하고 자기 마음 이해하지 못하고, 내 소리만 내서 미안해요. 나도 더 많이 기도하고 행복한 육아를 감당하는 엄마가 될 게요. 조심해서 들어와요. 알러뷰!'

아내의 답장을 받고나니 마음이 한결 가벼워졌다. 지나고 보면, 내가 한 번만 더 참고 헤아려 주고 받아 줬으면 되는데, 그 순간을 참지 못했던 스스로가 얼마나 후회스러운지 모른다.

그렇게 다사다난했던 10개월의 시간을 잘 견뎌 낸 후 2009년 8월 3일, 드디어 나와 아내의 분신, 박지한 군이 세상에 태어났다. 한 아내의 남편, 그리고 한 아이의 아빠, 한 가족의 가장이라는 무거운 책임감이 느껴지는 새로운 인생을 살아가게 된 것이다.

때로는 아내에게 잘 지키겠다고 했던 약속들을 제대로 이행하지 못하는 못난 남편, 또 못난 아빠가 될지도 모른다. 하지만 그럼에도 불구하고 내가 할 수 있는 최선의 노력을 다해 볼 것이다. 해도, 해도 안 되는 부분은 나의 하나님이 당연히 채워 주시고 인도해 주실 줄 믿는다. 주님이 나에게 어떻게 허락해 주신 믿음의 가정인데, 내가 감히 나태할 수 있을까? 그건 귀한 선물을 허락해 주신 하나님의 마음 또한 아프게 하는 일일 것이다. 아빠의 자리, 가장의 자리는 결코 쉬운 자리가 아니라는 것을 뼈저리게 깨닫지만, 그렇기 때문에 하나님을 더욱 의지할 수밖에 없다.

자녀를 키우며 내 모습 또한 조금씩 성장해 가고 있다는 사실을 발견하게 된다. 조급한 성격을 버리지 못해 늘 인내심이 부족했던 내가 한 템포 늦춰 가며 아이에게 눈높이를 맞추고, 아이의 더딘 걸음과 행동을 기다리게 될 때는, 오히려 자녀가 나를 발전시키는 선생님 같다는 생각이 든다.

든든하게 세워진 큰 기업은 한 나라를 좌우할 정도로 큰 영향력을 발휘한다. 따라서 하나님이 우리에게 맡겨 주신 자녀들을 우리가 어떻게 섬기고 양육하는지에 따라 하나님은 열방을 움직이고 변화시키셔서 주님의 기업으로 놀랍게 사용하실 것이다. 따라서 우리는 자녀들을 키울 때 기억해야 할 것이 있다.

그것은 바로 부모로서의 우리는 온 열방에 하나님이 주시는 선한 영향력을 일으킬, 세계 일등 기업의 CEO라는 사실이다.

보라 자식들은 여호와의 기업이요

태의 열매는 그의 상급이로다

(시편 127:3)

아빠!

예수님은 언제나 나와 함께 하시지?

눈에는 보이지 않지만 나를 무지 사랑하셔!

아내는 출산의 달인

나는 이제 세 자녀의 아빠, 말 그대로 '다둥이' 아빠이다. 장남 박지한 군이 2009년 8월 3일 출생, 차남 박지후 군이 2011년 5월 7일 출생, 막내 박지음 양이 2012년 11월 17일에 태어났다. 아내는 2008년 9월에 결혼해 4년여 만에 세 명을 출산하는 대 위업을 달성한 것이다.

가까운 몇몇 지인들은 장난으로, 나를 CCM계의 '짐승남'이라고 부르기도 했다. 그런데 나보다 더 대단한 사람은 아내이다. 나는 아내를 감히 출산의 달인이라 부르고 싶다. 4년 동안 배가 꺼질 날이 없었으니 말이다.

첫째 아이를 낳던 때에는 예정일이 되었는데도 신호가 오지 않아서 병원에 진료를 받으러 갔다. 의사 선생님은 일주일 지나서도 진통이 느껴지지 않으면 바로 유도 분만 시술을 하자고 말씀하셨다. 그 후 일주일이 지났는데도 별다른 변화가 없자 우리는 출산 준비를 해서 병원으로 갔다. 모든 부부가 그렇겠지만 첫 출산이었기 때문에 엄청난 긴장감이 엄습해왔다. 산모 본인은 얼마나 두렵고 떨렸을까?

분만 유도 주사를 맞고 침대에 누워 대기하고 있는 아내를 보며 절로 기도가 나왔다. 산모는 아이를 낳을 수 있는 상태가 되어 가는 과정에서부터 극심한 통증을 느낀다고 한다. 그 고통을 참아야만 비로소 출산할 수 있는 상태가 되는 것이다.

가뜩이나 아내는 겁이 무척 많은데, 이를 악물고 참아 내는 모습을 보는 것이 쉽지 않았다. 옆에서 지켜볼 수밖에 없는 상황이 안타까웠다. 나는 마음속으로 '주님! 도와주세요! 아내가 큰 어려움 없이, 고통 없이 출산할 수 있도록 도와주세요!'라는 기도를 쉼 없이 반복했다. 더군다나 마음이 편치 않았던 이유는 잠시 후, 예정되어 있었던 수련회 찬양 집회를 위해 떠나야 했기 때문이었다. 내가 옆에 있을 때 출산을 하면 좋으련만, 시간이 흘러갈수록 내 마음은 더욱 초조해졌다. 그렇게 더는 지체할 수 없는 시간이 되었다. 나는 아내의 손을 붙잡고 있었는데 차마 발걸음이 떨어지지 않았다. 그때 아내가 힘겨운 목소리로 말했다.

"자기야 괜찮아. 얼른 가. 옆에 엄마 있으니까 괜찮아. 얼른 늦기 전에 출발해서 찬양 잘 하고 와."

정말 미안했다. 세상에서 제일 사랑하는 아내가 첫 출산하는 자리를 지키지 못하는 못난 남편, 못난 아빠라는 생각이 들어서 마음이 너무 무거웠다. 장모님도 걱정 말고 어서 다녀오라며 나를 위로하시자 그 말씀을 듣고 나는 무거운 발걸음을 떼며 병원을 나섰다.

눈물이 났다. 그 눈물은 서러움의 눈물이었던 것 같기도 하고, 원망의 눈물이었던 것 같기도 하다. 찬양 사역자여서 정해진 일정 때문에 끝내 아내의 옆자리를 비울 수밖에 없는 속상함과 그런 상황에 처할 수밖에 없었던 막연한 원망의 마음이 생겼다.

그런데 마음속에서 기도가 나왔다. '하나님, 제 아내와 꼭 함께해 주셔야 해요. 하나님이 모든 출산 과정을 책임져 주셔야 해요. 주님 제발 도와주세요! 예수님의 이름으로 간절히 기도드립니다. 아멘!'

그날 나는 천안에서 진행되었던 청소년 여름 수련회에서 그 어느 때보다도 사력을 다해 찬양을 드렸다. 내가 서 있는 자리에서 주님이 맡겨 주신 사명을 성실하게, 또 열정을 다해 감당한다면 임마누엘 주님이 반드시 아내를 책임져 주실 것이라는 믿음 때문이었다.

한 시간 정도의 찬양 집회를 마치고 다른 때보다 조금 서둘러 수련회장을 빠져나왔다. 그때 내 머릿속에는 온통 아내와 아기 생각뿐이었다. 차에 올라타자마자 제일 먼저 전화기를 확인했던 순간,

아내의 친구로부터 문자가 와 있었다.

'오빠! 축하드려요! 건강한 아들을 순산했어요! 산모도 아주 건강해요! ^^'

그 문자를 본 순간 옆에 있던 팀의 동료에게 "만희야, 아들 낳았대!" 이 짧은 한마디를 전하고 나니, 주체할 수 없는 눈물이 흐르기 시작했다. 그 눈물은 병원을 떠나오며 흘렸던 서러움과 원망의 눈물이 아닌, 한없는 감사의 눈물이었다. '오, 주님. 감사드립니다. 주님 정말 감사드립니다……'

빨리 올라가서 아내와 아이를 보고 싶다는 생각밖에 없었다. 서울로 올라가는 동안 휴대폰으로 받은 신생아 아들의 사진을 보며 차 안에는 행복한 웃음이 가득했다.

10개월 동안 뱃속에 아이를 품은 엄마가 인고의 시간들을 견뎌낼 수 있는 이유는 바로 위대한 사랑 때문일 것이다. 그리고 그 시간을 함께하는 든든한 가족이 있기에 위로를 얻을 수 있을 것이다.

문득 10개월의 시간 동안 그 어느 누구에게도 말하지 못하고 두려움과 고통의 시간을 보내셨을 나의 어머니가 떠올랐다. 열여덟 살의 어린 나이로 감당하기에는 너무나 힘들었을 시간들. 그 시간들은 아주 오래전 고통의 기억들이지만, 그 고통을 위로하고 새 힘을 주시는 하나님의 능력이 어머니에게도 늘 함께하길 기도한다.

나중에 아내의 출산 과정에 대한 이야기를 들었는데 담당 의사 선생님이 아주 쉽게 순산했다며 칭찬을 많이 해 주셨다고 한다. 출산 후 검진 차 병원에 들렀는데 그때도 의사 선생님은 나에게 장가를 아주 잘 갔다고 하셨다. 그 말을 들으니 출산 잘한 아내의 남편인 것이 자랑스럽기까지 했다. 그리고 곧 둘째에 대한 메시지를 던져 주시기에 처음에는 그 이야기를 무시했었는데 거의 선지자적 수준이었던 것 같다. 아내는 얼마 지나지 않아 둘째를 임신했기 때문이다.

첫째를 키울 때는 모든 것이 다 처음 경험하는 것들이라 시행착오를 많이 겪었다. 무엇인가가 불편하고 답답해서 투정을 부리는 아이의 마음을 제대로 알아주지 못해 때로는 힘든 시간들을 보냈고, 여기저기에서 알려 주고 전해 주는 이야기들을 아이에게 무분별하게 적용해 보려다 실패도 많이 했다. 그래서 아이를 더욱 사랑으로 훈육하지 못하고 혼냈던 기억이 나서 미안한 마음이 크다. 올해 다섯 살이 된 첫째가 아직도 가끔 어릴 적 혼났던 일을 기억하며 이야기하는데 참 미안하고 부끄럽다. 그래도 우리 부부는 첫째를 키우며 좌충우돌, 참 재미난 일이 많았던 것 같다. 그중 하나가 바로 나의 '오버 정신'이었다. 하나님이 주신 첫 선물에 대한 그 벅찬 감격과 감사함이 나를 그런 '오버맨'으로 만들었나 보다. 산후조리원에서 2주 정도의 시간을 보내고 집으로 돌아온 후로 아이의 작은 숨소리 하나하나, 그리고 미세한 뒤척임에도 최첨단 인공지능 센서처럼 즉각 반응하는 내 모습이 너무나 신기했다.

한번은 아이를 데리고 식당에 밥을 먹으러 갔을 때이다. 입가에

묻은 침을 냅킨으로 닦으려는 아내에게 오버를 하며 그런 종이로
닦으면 안 된다고 가제 수건을 꺼내 닦아 주었던 일도 있었다. 그러
나 결국 '오버맨 아빠'의 극성은 2주도 넘지 못했다. 2주가 지나고
나니 새벽에 아이가 아무리 큰소리로 울어대도 아예 들리지가 않
을 정도의 상태가 되었다. 아내는 나의 그런 모습을 미리 예상했기
에 담담히 받아들이는 것 같았다.

내가 첫째를 키우며 깨달은 한 가지 교훈은, 분명히 아빠와 엄마
의 역할이 따로 있다는 것이다. 아내의 육아를 도와준다며 오버하
는 아빠들의 대부분은 제 풀에 지치는 결과를 초래할 때가 많은 것
같다. 내가 바로 그런 케이스였다. 아내의 육아를 방해하는 잔소리
꾼에 지나지 않는 아빠. 그 이후로는 최대한 단순하게, 무거운 것을
들거나 힘쓰는 일에만 전념하게 되었다.

그렇게 정신없이 첫째를 키우며 첫돌을 맞이하게 되었다. 그런
데 1년 동안 건강하게 자라난 아이의 첫 생일을 함께 축하하며 감
사의 예배를 드리는 자리에, 또 하나의 기쁨이 자라나고 있었다. 의
사 선생님의 예언적 메시지가 확증되듯 아내의 뱃속에는 우리 가
정의 두 번째 선물인 박지후 군이 무럭무럭 자라고 있었다. 우리 가
족에게 8월은 참 의미 있는 달인데 그 이유는 첫째와 아내의 생일
이 똑같이 8월 2일이기 때문이다.

아내의 생일도 함께 축하하며 첫째의 돌잔치를 할 수 있어 더 기
쁜 시간이었다. 차마 돌잔치 자리에서는 밝힐 수 없었지만 둘째의

임신 사실도 우리 가족에게는 또 하나의 기쁨이었고 축하할 일이었다.

우리 부부는 첫째가 아들이었기 때문에 둘째는 딸이기를 간절히 바랐다. 그리고 뻔뻔할 정도로 확신이 있었다. '하나님이 분명히 우리 가정에 균형을 맞춰 주시기 위해 둘째로는 딸을 주실 거야! 하나님이 어떤 분이신데! 이미 그런 계획을 가지고 계실 거야.' 하면서 말이다. 지금 생각해 보니 그때 하나님은 너무도 확신에 찬 우리의 고백을 들으시고 많이 황당하셨을 것 같다. 하지만 우리가 셋째는 딸일 것이라고 확신할 수밖에 없었던 또 하나의 이유는 지인들의 꿈이었다. 주변에서 둘째의 태몽을 꿨다고 했던 사람들의 꿈이 모두 딸에 관련된 꿈이었기 때문이다. 꿈에 나온 동물들, 과일 종류들, 꿈속에 전개되는 스토리들이 딱! 딸이었다. 그렇게 딸이라는 예상을 불변의 사실로 단정 지은 채 몇 개월이 지났다. 그리고 산부인과 정기검진 일이 되어서 아내와 함께 병원을 찾았다.

5개월쯤 되면 아이의 성별을 확인할 수 있다는 것을 알고 있었기 때문에 선생님이 먼저 말해 주시기를 내심 기대하고 있었는데 알려 주시지 않아, 막상 물어볼 수도 없는 상황이었다. 대신 의사 선생님은 매번 정기검진 때 받았던 과정대로 초음파 검사를 하며 태아의 상태를 조목조목 친절히 설명해 주셨다. 머리, 얼굴, 눈, 코, 입, 손가락, 발가락, 척추 뼈 등. 그러던 순간 갑자기 늘 듣던 단어들과는 다른, 생소한 단어를 사용하셨다.

"여기 '고추'도 보이네요?"

"……."

우리 부부는 그 말을 듣는 순간 얼어 버렸다. 선생님은 우리가 못 들었다고 생각하셨는지, 초음파 화면을 가리키시며 자세하고 친절하게 재차 말씀해 주셨다.

"여기 보이시죠? 고추!"

사실 나는, 쌈장에 찍어 먹으면 순식간에 밥 한 그릇을 뚝딱 비워 내게 하는 '고추'를 정말 좋아한다. 하지만 그 '고추'를 여기서 듣게 될 줄이야. 마음의 준비도 전혀 하지 않은 상황이었는데 갑작스럽게 들이닥친 '고추' 이야기는 우리 부부를 혼란 속에 빠뜨리기에 충분했다. '청천벽력 날벼락!' 어디서 어떻게 시작된 확신인지는 모르겠지만 분명 둘째는 딸일 것이라고 확신했는데 '고추'라니 말이다.

하지만 그것이 바로 하나님의 계획이었다. 그리고 우리 가정에 보내 주신 두 번째 선물이었다. 딸이라고 확신하고 있었던 우리의 해프닝은 끝이 났고 그렇게 두 번째 아들을 기대하는 우리의 기다림이 시작되었다.

그런데 그 후로 우리는 또 같은 실수를 저질렀다. 이미 마음속으로 '아! 하나님이 우리 가정에는 아들 둘만을 허락하는 계획을 가지고 계시는구나.'라는 잠정적인 결론을 내렸던 것이다. 그러니까 그 결론은, '우리에게 더 이상의 자녀는 없다!'라는 마침표 같은 확신이었다.

그렇게 2011년 5월 가정의 달, 너무나도 포근한 날씨에 둘째가
태어났다. 그런데 하나님의 창조 섭리는 너무나도 신기하다. 한 배
에서 나온 형제인데 아주 다른 이목구비를 하고 있는 것이 참 재
미있었다. 사실 첫째 아이를 키우며 겪은 굴욕적인 에피소드 하나
가 있다. 첫째를 어린이집에 처음 보내던 날 원장 선생님이 아내와
첫째의 얼굴을 보며 "아들이 엄마를 안 닮은 거 보니 아빠를 닮았
나 봐요." 하셨다는 것이다. 그리고 며칠 후 내가 아이를 데려다 주
었는데, 원장 선생님의 당황해 하는 표정이 아직도 기억난다. 왜냐
하면 아들이 나와도 닮지 않았기 때문이다. 원장님의 눈빛은 우리
부부의 성형 의혹을 강력히 주장하는 듯했다. 그도 그럴 것이 우리
부부에게 다 있는 쌍꺼풀이 아들 눈에는 없기 때문이다. 그런데 둘
째는 우리 부부의 억울함(?)을 해명해 주는 쌍꺼풀을 지니고 태어
난 것이다.

이렇게 형제이지만 전혀 다른 외모와 성향을 가진 두 아들을 열
심히 잘 키워 보자며 우리 부부의 가족계획은 정리되는 듯 했다. 물
론 바라던 딸이 없어 너무 아쉬웠지만, 둘째가 딸 역할을 충분히 해
줄 것이라는 일말의 기대를 가지고 말이다. 그러나 그것은 우리만
의 기대였다. '하나님의 계획'은 따로 있었던 것이다.

이는 내 생각이 너희의 생각과 다르며
내 길은 너희의 길과 다름이니라 여호와의 말씀이니라

이는 하늘이 땅보다 높음 같이 내 길은 너희의 길보다 높으며

내 생각은 너희의 생각보다 높음이니라

(이사야 55:8~9)

인생의 모든 부분이 내 생각과 계획대로 되지 않는다는 것을 주님이 주신 세 번째 자녀를 통해 다시 한 번 철저히 깨닫게 되었다. 그것이 바로 하나님이 우리 가정에 주신 '세 번째 사건'이었다.

셋째 임신 사실을 알게 되었을 때 우리는 혼란 그 자체인 상태에 빠졌다. 둘째를 낳은 지 불과 1년도 지나지 않은, 10개월 만에 생긴 충격적인 일이었고 심지어 임신 3개월째에 접어들고 있는 시점이었다. 우리는 엄습해 오는 산더미 같은 걱정과 두려움에 사로잡혔다. 세 자녀는 우리가 전혀 예상하지 못했고, 감당할 수 있는 능력 또한 없다고 생각했기 때문이다. 현실적인 재정 상황과 첫째, 둘째도 너무 어린 상황에 또 셋째를 양육해야 한다는 사실을 도저히 받아들일 수가 없었다. 답답한 마음에 당시에는 하나님에게 불평도 많이 하고 원망 섞인 기도도 참 많이 했다.

"하나님! 진짜 저한테 왜 이러세요?!"

말 그대로 분풀이의 기도였던 것이다. 하나님에게 떼를 쓰듯 기도하며 아내와 이 사태를 어떻게 헤쳐 나가야 할지 큰 고민에 빠졌다. 하지만 고민하면 할수록 인간적인 생각과 걱정들만 더 쌓여 갔고, 나쁜 마음까지 품게 되는 지경에 이르렀다. 이래서는 절대 안

되겠다 싶어 아내와 함께 기도하며 가까운 지인들에게 조언을 구하기도 했다.

지금 생각해 보니 그때 우리 부부의 고민에 대해, 주변에서 전해 준 사랑의 조언들이 정말 감사하다. 그 이야기들은 하나님이 분명 셋째를 통해 더 큰 기쁨을 계획하고 계실 것이라는 기대의 말들이었다. 그분들 중 만일 단 한 사람이라도 부정적인 이야기를 했다면 우리 부부의 마음은 더 무거워지고 힘들었을 것이다. 하지만 하나님이 다 책임져 주시고 인도해 주실 것이라는 조언과 나중에 셋째를 낳고 기르면서 '셋째 안 낳았으면 어쩔 뻔했어!'라는 감사의 고백을 하게 될 것이라는 말씀까지 해 주셨다.

정말 그랬다. 잠깐이었지만 계획하지 않았던 상황 가운데 벌어진 일로 어리석은 생각까지 품었던 연약한 모습이 하나님 앞에 얼마나 죄송했는지. 그렇게 주님 앞에 회개의 마음으로 무릎을 꿇고 나니 다시 하나님의 계획을 바라볼 수 있었다. 생명은 주님에게 속한 것이므로 주님이 새롭게 허락하신 생명이 기대되기 시작했고, 또 감사함과 기쁨으로 기다려지게 되었다. 그리고 하나님의 완벽한 연출은 더욱 특별하게 준비되어 있었다. 바로 허락하신 셋째가 '공주님'이었던 것이다.

딸 지음이가 우리 가정에 선물로 오게 된 그날 그 시간, 병실에서는 찬양이 흘러나왔다.

"주께 힘을 얻고 그 마음에 시온의 대로가 있는 그대는 하나님의 축복의 사람이죠 주님 그대를 너무 기뻐하시죠"

그 병원은 크리스천 병원이었는데 아이가 태어나는 순간, 축복의 찬양으로 축하를 해 주고 있었다. 그런데 다른 축복의 찬양이 아니라 바로 내가 부른 찬양인 <축복의 사람>이 나오다니, 어찌나 감격스럽고 감사하던지 이 찬양을 들으며 하나님이 우리 가정에 변함없는 축복의 사람으로, 축복의 딸로, 지음이를 보내 주셨다는 확실한 그 음성에 감사의 눈물을 주체할 수가 없었다.

지음이 이름의 한자 뜻은 '지혜로운 소리'이다. 지음이가 이 부족한 아빠처럼 지극히 인간된 생각과 계획으로 모든 인생을 이끌어 가려는 어리석은 모습이 아니라, 지혜로운 주님의 음성에 귀 기울이고 그 음성을 따라 순종하며 살아가는 딸이 되기를 기도한다. 또 지음이를 통해 살아계신 하나님 지혜의 음성이 온 땅 가운데 퍼져 나가길 기도한다. 지음이가 그 지혜의 음성을 전하는 통로로 사용되어지길, 주님에게 간절히 두 손 모아 기도드린다.

"주님! 저에게 허락하신 믿음의 세 자녀를 통해 하나님의 섭리를 하나하나 더 깨달아 가게 하시니 감사합니다. 부족한 아버지의 모습이 아닌, 무릎 꿇는 간구함을 통해 얻어지는 주님의 은혜로만 오직 아이들을 양육하게 하여 주소서! 예수님의 이름으로 기도드립니다. 아멘!"

어느 날 첫째 아이가 말했다.

"아빠! 예수님은 언제나 나와 함께 하시지? 눈에는 보이지 않지만 나를 무지 사랑하셔!"

　주일학교에서 배운 내용을 다시 되뇌듯 얘기한 것이다. 순간 아들이 참 귀엽기도 하고 대견하기도 했다. 그러면서 동시에 바쁘다는 핑계로 아들에게 예수님에 대해 더 많이 이야기해 주지 못하고 전하지 못한 나의 모습이 부끄러웠다.

　나는 자녀들이 부모의 사사로운 욕심이 아닌, 오직 하나님의 섭리와 인도하심 가운데 양육되고 또 그분의 뜻대로 쓰임 받기를 기도한다. 그러면서 또한 그분의 자녀된 나도 오로지 하나님의 말씀에 순종하는 아들이 되겠노라고 다짐하게 된다.

내가 산을 향하여 눈을 들리라 나의 도움이 어디서 올까

나의 도움은 천지를 지으신 여호와에게서로다

(시편 121:1~2)

주님!

라분한 은혜를 주시고 하나님의 비밀을 알게 하시니

그저 이 부족한 종은 주님 앞에 엎드릴 수밖에 없습니다!

세
자
녀
를
주
신
이
유

만일 나에게 세 자녀가 없었다면 어땠을까 하는 생각을 요즘 많이 하게 된다. 하나님이 허락하신 세 자녀를 통해 내 인생이 다시금 새롭게 시작되고 있다는 생각이 강력하게 들기 때문이다. 세 명의 자녀를 낳은 후, 주님이 나에게 주신 분명한 깨달음이 있다. 그것은 바로 나를 지으신 하나님이 나의 체질과 성향을 완벽하게 아시는 내 주인이라는 사실이다.

　셋째를 통해 나는 하나님 앞에 그야말로 납작 엎드려 기도하게 되었다. 엎드리지 않으면 답이 없었기 때문이다. 이 험한 세상에서 세 명의 자녀를 제대로 키울 수 있는 능력이 나에게는 도무지 없었기 때문이다. 경제적인 부분들, 일일이 체크하고 지도해야 하는 육아, 부모로서의 많은 역할 등……. 나는 그 어느 것 하나 제대로 준비되어 있지 못한 아빠의 모습이었다. 그러니 나의 탈출구, 나를 구원해 주실 분은 오직 하나님 한 분뿐이었다.

사람은 항상 막다른 골목이나 벼랑 끝에 몰려야 정신을 차리는 것 같다. 한없이 어리석은 그 인간의 모습이 바로 내 모습이었다. 하나님은 나의 이런 캐릭터를 너무나도 분명히 잘 알고 계셨다. 또한 나를 엎드려 기도하게 하시는 것 모두 하나님의 계획 속에 이미 다 들어 있었던 것이다. 바라는 것은, 내가 주님의 마음을 조금 더 빨리 헤아리고 그분이 원하시는 마음들을 신속히 깨달아 아는 센스쟁이 아들이 되고 싶은 것이다. 정말 참 오랜 시간을 멀리 돌아왔고, 또 그분 뜻대로 행하지 않아, 주님이 얼마나 마음 아프고 괴로우셨을지 생각하면 가슴이 먹먹해진다. 이제는 내가 주께 더 사랑을 드리고 그분의 마음을 흡족하게 해 드리고 싶다. 마치 평생을 불효하며 살았던 아들 녀석이 늦게나마 철들고 부모님에게 효도하겠노라 눈물 흘려 고백하는 사죄의 심정이다. 너무도 부족하고 연약하여 주님 뜻대로 살지 못하고 세상 가운데서 헤매고 넘어질 때에도 언제나 한결같은 마음으로 기다리고 인내하며 바라봐 주시는 주님. 그렇게 마침내는 사랑의 음성으로 큰 깨달음을 주시는 주께 효도하고 싶은 마음, 정말 그 마음이다!

"이것이 나의 간증이요 이것이 나의 찬송일세 나 사는 동안 끊임

없이 구주를 찬송하리로다"

오늘도 찬송을 부르며 이 고백이 나의 간증임에 감사하다.

"주님! 과분한 은혜를 주시고 하나님의 비밀을 알게 하시니 그저 이 부족한 종은 주님 앞에 엎드릴 수밖에 없습니다!"

예수님은 제자 베드로를 사람 낚는 어부가 되게 하셨다. 밤새 그물을 던져도 단 한 마리의 물고기조차 잡지 못한 채 허탕을 치고 돌아가는 베드로에게 다시 그물을 던지게 하신 예수님의 이야기를 우리는 잘 알고 있다. 베드로는 그 순간 순종함으로 그물을 던졌다. 그리고 그물 가득히 물고기를 잡아 올렸다.

스스로의 힘을 의지했을 때는 아무것도 얻지 못했지만 예수님의 말씀에 순종했을 때는 그 능력을 경험했다. 결국 베드로는 사람을 낚는 어부가 되었다. 우리도 우리의 삶에 전능하신 하나님의 능력이 실제적으로 임하는 인생을 경험할 수 있다. 오늘날에도 주님이 행하시는 놀라운 일들을 경험하는 인생이 되길 기대한다.

말씀하시되 나를 따라오라

내가 너희를 사람을 낚는 어부가 되게 하리라 하시니

(마태복음 4:19)

장모님에게 고백하다

결혼 후 입양 사실에 대해 가장 '큰 산'이라고 생각했던 부분은 장모님에게 고백을 해야 하는 것이었다. 장모님에게 오랫동안 숨기고 고백하지 않은, 거짓말처럼 여겨질까봐 걱정이 되었다. 그래서 늘 마음에 무거운 짐이 자리하고 있는 듯 했다.

'언제 말씀드리지? 언제가 가장 좋을까? 분위기 좋은 곳에서 식사를 하면서 자연스럽게 말씀을 드릴까?' 여러 가지 생각과 계획 가운데 고민은 계속 되었다. 그런데 시간이 흘러가면 갈수록 정답은커녕 더욱 막막해지기만 하는 것이었다.

"괴로울 때 주님의 얼굴 보라! 평화의 주님 바라보아라" 그때 이 찬송 구절이 마음에 울렸다. 그리고 우리 부부에게는 같은 마음이 허락되었다. 인간적인 생각으로 고민하면 할수록 생겨나는 것은 걱정과 불안한 마음뿐이었다. 그래서 우리는 계산적인 모든 것을 내려놓고 주님이 평안함을 주시리라는 마음으로 합심하여 기도를 드리기로 했다.

그때는 여러 가지 상황과 환경을 핑계 삼아 우리 부부가 함께 예배드리며 기도하지 못한 시간들이 계속 이어지던 때였다. 우리는 하나님이 우리 부부의 하나된 기도를 원하신다는 생각이 들었다. 그래서 모든 핑계를 내려놓고 주께 기도드린 후 장모님에게 말씀드려야겠다는 확신이 들었다.

때마침 섬기는 교회 담임 목사님에게 중보 기도 요청을 드리며 함께 나눈 대화의 시간들 가운데 목사님이 해 주신 조언의 말씀이 더욱 믿음의 자신감을 갖게 했다. 하나님이 인도하시는 분명한 타이밍이라면 지금까지 모든 것을 인도해 주셨던 것처럼 장모님에게 말씀드리는 모든 이야기들 가운데에서도 함께해 주실 것이라는 말씀이었다. 그리고 목사님은 장모님을 그렇게 과소평가하면 안 된다는 말씀까지 덧붙이시며, 분명 장모님은 우리를 큰마음으로 품어 주시며 든든한 기도의 후원자가 되어 주실 것이라고 하셨다. 믿음의 작정 기도를 드리기로 결정하고 담임 목사님의 귀한 조언을 듣고 나니 이미 마음 한구석에 평안함이 찾아오는 듯 했다.

그래서 나는 아내와 함께 새벽을 깨우는 기도를 드리며 주님이 허락하시는 가장 좋은 타이밍을 기다려 보기로 마음먹었다. 사실 이 기도를 나 혼자 했으면 여러 가지 핑계로 또 작심삼일이었을 것이 빤하다. 그리고 어떻게든 그 상황을 끼워 맞추며 정당화했을지도 모른다. 하지만 아내와 함께 찬양 팀을 섬기며 드린 새벽 기도를 통해 하나님은 나에게 더 막중한 책임감을 감당하게 하셨고 나를 채워 주셨다.

그렇게 시작된 새벽 기도가 5일째 이어지던 금요일 새벽이었다. 아내와 기도를 마치고 나오는 길에, 성령의 텔레파시가 통했다. 결연한 의지를 동시에 품은 우리는 '바로 오늘'이라는 공동 선언을 하게 된 것이다. 우리는 그날 오후에 장모님과 함께 점심 식사를 하고 교회 카페로 이동해 자연스럽게 말씀을 드리기로 작전을 짰다. 그날 점심에 먹은 메뉴는 중화요리였는데 해물짬뽕이 어떻게 입속으로 들어가서 소화되었는지 모를 정도였다. 머릿속에는 온통 어떻게 이야기를 시작하고 풀어 가야 할지에 대한 생각뿐이었다. 아마 아내도 마찬가지였을 것이다. 식사 후 카페로 이동해서도 쉽사리 얘기를 꺼내지 못하고 이런저런 이야기들을 빙빙 돌려 가며 기회만 찾고 있을 그때, 더는 안되겠다 싶은 마음이 들었다. 그래서 장모님에게 말씀을 드리려는 찰나, 아내가 먼저 입을 열었다.

"엄마, 사실은 오빠한테 중요한 비밀이 있어."

"……응? 비밀?"

장모님은 아내와 나의 얼굴을 번갈아 쳐다보시며 도무지 무슨 소리인지 이해할 수 없다는 표정을 지으셨다.

"사실…… 오빠, 입양된 사람이야."

"……?"

잠깐의 침묵이 흘렀다. 장모님의 표정은 여전히 무슨 소리인지 이해할 수 없다는 듯했다.

"장모님, 저는 입양된 사람입니다. 이 사실을 더 일찍 말씀드리지 못해 죄송합니다. 그런데 몇 달 전 제 출생의 비밀을 오픈하게 하시는 성령님의 음성을 듣게 되었습니다. 아내에게는 결혼 전에 고백을 했는데 장모님에게 진작 말씀 드리지 못해서 죄송합니다."

이미 더 이상의 부연 설명은 필요하지 않았다. 장모님이 이 고백에 대해 어떻게 해석하고 반응하실지 기다릴 뿐이었다. 잠깐의 시간이 더 지나고 장모님 머릿속에서 어느 정도 상황이 정리되어 갈 무렵, 장모님이 보여 주신 반응에 오히려 우리가 더 당황했는지도 모르겠다. 나는 내 이야기를 들은 장모님이 노여워하시거나 섭섭해 하실 것이라고 생각했다. 그러나 그 생각은 기우에 불과했다. 장모님은 오히려 담담하게 나를 격려해 주시며 주님의 특별한 계획을 기대한다고 하셨다. 장모님은 나를 통해 일하실 하나님의 은혜를 이미 바라보고 계셨던 것이다. 장모님은 하나님의 마음을 가득 품은 크신 분이셨다.

정말 그랬다. 내 옆에 장모님을 큰 믿음의 후원자로, 기도의 용사로 붙여 주신 하나님의 놀라운 계획을 다시 깨닫는 순간 우리 부부는 감사의 눈물을 흘리지 않을 수 없었다. 후에 아내에게 들은 이야기인데, 금요 예배 준비로 내가 집을 나선 후 장모님이 차마 내 앞에서는 흘리지 못했던 눈물을 보이셨다고 했다. 어린 시절 입양 사실을 알게 되었고, 지울 수 없는 상처를 안고 살았을 내 모습을 생각하니 안쓰럽고 애틋한 마음이 드셨다고 했다는 것이다. 장모님의 그 눈물이 마음으로 전해지는 순간 나 또한 가슴이 뭉클해졌다. 사위가 아니라 아들 같은 마음으로 나를 품어 주시는 그 사랑이 느껴져서 감격스러웠다. 그리고 살아계신 하나님이 나의 모든 상황과 환경을 풀어가 주신다는 확신이 다시 한 번 생겨났다.

이전에도 그랬지만 앞으로도 장모님은 나에게 가장 가깝고 든든한 기도의 동역자이자 후원자이시다. 하나님의 특별한 이야기들이 어떻게 펼쳐질지 벅찬 기대를 가지고 간절히 기도해주시는 장모님에게 정말 감사드린다.

결과적으로 장모님에게 고백하기까지의 고민과 갈등은 전부 내 생각에서 비롯된 것일 뿐이었다. 장모님은 내 이야기를 들으시고 내가 장모님을 속였다고 생각하시거나 탐탁지 않아 하시기는커녕 내 어린 시절을 염려해 주셨다.

하나님도 마찬가지이다. 하나님은 내 있는 그대로의 모습을 사랑하시는 분이기 때문이다. 내가 서 있는 자리가 크든지 작든지 하나님은 내 삶에 역사하시고 또 앞으로도 영원히 일하실 것이라는 사실을 믿는다. 그리고 그 일로 오직 하나님만이 영광을 받으시길 기대한다.

너희 안에 이 마음을 품으라

곧 그리스도의 예수의 마음이니

(빌립보서 2:5)

하나님의 안전장치

'안전장치'란, 부주의로 인해 생기는 위험을 막기 위해 기계나 장치 등을 작동하지 못하도록 해 두는 것을 의미한다. 나를 만드시고 지으신 하나님은 나의 연약함과 부족함을 너무도 잘 아시기 때문에 내 인생 가운데 늘 안전장치를 마련해 두셨다. 그것은 바로 나의 부주의한 생각과 결정으로 초래할 위험을 막아 주시기 위한 그분의 섬세한 배려인 것이다.

찬양 사역으로의 첫 걸음을 떼었던 13년 전, 대중 가수와 찬양 사역자 사이의 선택 문제로 고민할 때 하나님은 내 곁에 '어머니'라는 안전장치를 허락하셔서, 나는 어머니의 기도와 간절한 권유로 찬양 사역자의 길을 걸어올 수 있었다. 중요한 결정의 순간, 내 중심적인 결정이 아닌, 늘 기도하셨던 어머니의 조언은 나에게 주님의 마음을 헤아릴 수 있는 결정을 내리게 해 주었다.

또 주님은 믿음의 안전장치인 '아내'를 허락해 주셔서 믿음의 가정을 이루게 하시고 삶의 순간순간마다 나 혼자 고민하고 결정해 나가는 것이 아니라 아내와 함께 기도하고 함께 하나님의 뜻을 좇아갈 수 있도록 해 주셨다. 하나님은 이 안전장치로 삶에서 닥친 문제들 앞에 내 스스로의 결정을 따르지 않고, 부부가 함께 기도하며 그분의 뜻에 순종할 수 있도록 해 주신 것이다.

하나님이 나에게 허락해 주신 또 하나의 안전장치는 바로 '세 명의 자녀'이다. 나이 터울이 적은 아이들을 키우며 힘에 부치고 지칠 때마다 깨닫게 되는 은혜가 있다. 그것은, 나에게 믿음의 기업으로 허락해 주신 자녀들을 내 힘으로, 내 능력으로 양육하는 데는 분명 한계가 있다는 사실이다. 그렇기 때문에 나는 주님 앞에 엎드릴 수밖에 없다는 것을 다시 깨닫는다. 따라서 한계를 뛰어넘으시는 그분의 인도하심을 구할 수밖에 없다. 이것이 은혜이고 감사임을 고백한다. 내 삶에 하나님이 허락해 주신 안전장치들로 세상의 경험을 터득해, 세상의 방법을 구하는 것이 아니라 하나님의 방법, 그분의 말씀을 구하며 기도할 수 있게 되었다.

"하나님! 앞으로도, 걸어갈 제 인생 가운데 저의 연약함과 부족함으로 인생의 방향을 결정하는 것이 아니라 오직 주님의 이끄심

에 순종하는 인생을 살게 해 주세요! 제 인생의 완벽한 안전장치
인 하나님이 계셔서 정말 감사하고 행복합니다. 예수님의 이름으
로 기도합니다. 아멘."

우리 인생에 확실한 네비게이션, 예수님이 있음에 감사의 고백
을 드린다. 내가 혹 잘못된 인생길로 진입했을지라도 확실한 우회
도로를 안내해 주셔서 나를 위험으로부터 끌어내 주시는 내 인생
최고의 네비게이션! 아무것도 보이지 않는 막막한 광야에서도 길
을 만드시는 우리 예수님만을 철저히 순종함으로 그 음성에 귀를
기울이며 좇아가겠다.

하나님의 어리석음이 사람보다 지혜롭고

하나님의 약하심이 사람보다 강하니라

(고린도전서 1:25)

3부

소명의 고백

내 친구 이야기

누구에게나 살아가면서 인생의 중요한 순간마다 멘토가 되어 주는 소중한 친구, 평생 친구로 여기는 믿음의 동지가 있을 것이다. 나에게도 그런 친구가 있다. 때로는 허물없는 친구, 때로는 믿음의 동역자, 때로는 쓴소리까지도 마다하지 않는 조언자, 또 내 믿음이 연약해질 때마다 다시 도전할 수 있는 힘을 주는 귀한 멘토가 되는 친구 말이다.

그는 이미 하나님의 일하심과 인도하심을 뜨겁게 경험하고 하나님이 즐겨 쓰시는 도구가 되어 마음껏 주님의 복음을 증거하고 있는 친구로, 13년여의 사역 기간동안 시작부터 지금까지 나와 함께

하고 있다. 때때로 서로의 일정이 너무 바빠 자주 보지 못할 때도 있지만 우리는 마치 사랑하는 청춘남녀처럼 전화 통화를 쉬지 않고 일삼는 그런 친구 사이이다. 결혼 초창기에는 아내가 둘이 사귀는 거 아니냐며 질투 아닌 질투를 했을 정도였고, 결혼 전에는 주변에서 우스갯소리로 둘의 조짐이 아무래도 위험해 보인다는 농담 섞인 소리를 듣기도 할 정도였다.

그러한 나의 절친 중의 절친, 그는 바로 하나님 아버지의 마음을 노래하고 그 마음을 변함없이 품고 살아가길 원하는 유은성 전도사이다.

2000년부터 2001년까지 내가 '워킹'이라는 CCM팀으로 사역을 시작하면서 한참 바쁘게 지내던 당시에 만났던 은성이의 첫 이미지가 정확하게 기억난다. 당시 경북 김천대학교에서 찬양 집회가 있던 날 우리 팀 매니저와의 친분으로 은성이는 우리 팀과 동행하게 되었다. 첫 만남이어서 어색할 법도 했지만 김천까지의 여정 동안 우리는 금세 마음이 통하게 되었다. 그도 그럴 것이 그는 나와 동갑내기 친구였고, 남다른 개그 코드가 잘 맞았던 것 같다. 그렇게 김천대까지 가는 동안 우리는 끝없는 수다로 금방 친해지게 되었다. 하지만 중요한 이야기는 지금부터이다.

당시 신인 사역자라는 타이틀을 가지고 있었던 은성이는 우리 워킹 팀에 앞서 오프닝 공연을 담당하기로 되어 있었다. 그런데 우리 팀은 네 명이었고, 은성이는 솔로 가수였기 때문에 수적으로 이미 열세일 수 있는 상황이었던 것이다. 그리고 김천대학교 강당에 모인 수많은 학생의 기대감에 불타는 눈빛, 이미 그것으로도 긴장이 될 수밖에 없는 상황이었다.

은성이의 오프닝을 앞두고 우리 팀 멤버와 은성이는 함께 손을 붙잡고 기도했다. 우리 모두는 긴장하며 떨고 있었고, 은성이가 모든 부담을 떨쳐 내고 오프닝 공연을 잘 감당해 주기를 바라며 함께 중보 기도를 했다. 드디어 오프닝 무대에서 유은성의 이름이 불렸고 공연이 시작되었다. 당시 우리는 걱정이 앞섰다. 이제 갓 신인에 불과한 은성이가 저 수많은 학생 앞에서 주눅 들지 않고 오프닝 무대를 잘 감당할 수 있을지 가슴을 졸이며 지켜보았다.

그러나 엄청난 반전이 일어났다. 첫 곡의 신나는 반주 음악과 함께 무대 위로 뛰어나갔던 은성이는 좌중을 휘어잡는 프로 가수와 같은 당당한 멘트와 샤우팅으로 채플의 분위기를 시작부터 후끈후끈 달아오르게 만들었다. 어느새 학생들의 하나된 함성과 환호가 대기실에 있는 우리들에게도 생생하게 전달되었다.

작은 체구에서 뿜어져 나오는 특유의 샤우팅 창법과 중간중간 유머러스한 말을 섞어 가며 좌중을 뒤집는 쇼맨십은 깜짝 놀랄 만했다. 한마디로 '대박'이었다.

'어디서 저런 당당함이 나올까?, 어떻게 저런 여유가 생길까?' 워킹 팀은 당시 <기대>라는 찬양으로 소위 유명세를 타고 있었고 바쁜 사역 일정들을 보내고 있었지만, 우리 멤버들은 말 그대로 초짜 신인 사역자나 다름없었다. 그랬기 때문에 은성이의 공연을 보는 내내, 마음속에서는 외마디 비명과 독백이 계속 되었다. '와우! 저 녀석 봐라?' 그날의 기억은 나에게 잊지 못할 신선한 충격이었고 도전이었던 것이다.

그렇게 만난 우리는 세월을 더해 가며 돈독히 우정을 쌓았다. 13년여의 시간이 지난 지금, 하나님이 더 큰 지경을 열어 주셔서 은성이는 온 열방 가운데 살아계신 하나님의 이름을 선포하고 있다. 또한 CCM계의 어린왕자로, 많은 자매의 마음을 설레게 해 오다가 이제는 한 여자의 남편으로 귀한 축복의 가정을 이루었다. 그리고 하나님이 그에게 허락하신 회복과 위로의 수많은 찬양을 통해 곳곳에서 치유의 기쁨들이 넘쳐 남을 보게 된다.

오랜 세월이 지났지만 잊히지 않는 재미있고 감사한 기억들이 많다. 총각 시절 단둘이, 말씀을 묵상하고 삶을 나누며 함께 찬양드릴 때 성령님의 임재를 경험하면서 흘렸던 눈물들, 늦은 밤 수다 삼매경에 빠져 시간 가는 줄 모르고 주님의 재림에 대해 이야기하다가 두려운 마음이 들어 함께 무릎 꿇고 기도드렸던 일들, 매해 신년에 새로운 마음가짐과 사역의 각오를 다지기 위해 기도원에 가서 2박 3일 금식기도를 하며 기도했던 일, 기도가 끝나고 보호식도 하지 않은 채 인근의 유명한 순대국밥 집에서 폭풍 흡입했던 일들. 지금 생각해 보니 함께 울고 웃었던 지난 시절 속에 항상 우리가 함께했던 것은 바로 주님에게 드린 간절한 예배였다. 주님은 우리가 예배하는 자리에 항상 함께 계셨고, 그때의 간절한 외침과 부르짖음을 모두 기억하셔서 지금 우리를 이렇게 사용하고 계신 것이다.

이렇게 인생의 중요한 터닝 포인트마다 진지한 고민과 기도로 조언자와 중보자의 역할을 해 준 귀한 믿음의 친구, 은성이를 보내 주신 하나님에게 감사를 올린다. 하나님이 보내 주신 세상의 친구도 이렇게 큰 기쁨이 되는데 우리의 영원한 친구가 되시는 주님은 오죽할까!

"나는 주의 친구 주님 날 친구로 부르셨네"

요즘도 찬양 집회 때마다 새벽이슬 같은 주님의 자녀들과 함께 이 찬양을 부르고 춤추며 예배한다.

위대하고 전능하신 하나님은 그저 높은 하늘 보좌에만 앉아 계시고 우리를 통치하시는 분이 아니다. 하나님의 근본 본체이신 예수님은 그 누구보다 낮은 자의 모습으로, 섬김의 모습으로 우리와 눈높이를 맞추시기 위해 이 땅에 친히 내려와 주신 친구 중의 친구이다.

또 이 세상의 모든 친구들이 나를 외면하고 왕따시켜도 예수님만은 옆에서 내 아픔의 소리에 귀를 기울여 주실 분이다. 그리고 들어 주시는 것만으로 끝나는 것이 아니라, 그 상처를 치료하시고 회복시켜 주신다. 아직 예수님을 '친추'하지 않은 많은 사람들이 위로자 되시며 치료자 되시는 그분을 최고의 친구로 맞이하길 바란다.

사람이 친구를 위하여 자기 목숨을 버리면 이보다 더 큰 사랑이 없나니

너희는 내가 명하는 대로 행하면 곧 나의 친구라

이제부터는 너희를 종이라 하지 아니하리니

종은 주인이 하는 것을 알지 못함이라 너희를 친구라 하였노니

내가 내 아버지께 들은 것을 다 너희에게 알게 하였음이라

(요한복음 15:13~15)

불후의 명곡 '기대'로 첫 사역

2000년 1월, 나는 군 복무를 마치고 전역을 했다. 세상은 온통 밀레니엄을 맞은 기쁨과 환희로 활기차고 분주하게 돌아가고 있었다. 사람들의 얼굴에는 기대가 가득했고, 새롭게 시작되는 한 해에 모두 큰 뜻을 품은 듯 생기 넘쳐 보였다.

그러나 나는 마냥 웃으며 새해를 기대할 수가 없었다. 대한민국 국방의 의무를 다한 남자들이라면 모두 공감할 수 있는 이야기겠지만 말년 병장, 소위 짬밥이 되어 여유 시간이 조금씩 생겨나는 시점부터 전역 후에 대한 고민이 엄습해 오기 시작했기 때문이다. 그때 나는 입대 전 학교도 잘 마무리하지 못했고, 마땅한 기술을 배운 적도 없어 제대로 된 자격증 하나 따 놓지 못한 상황이었다. 그렇게 무엇 하나 제대로 준비해 두고 오지 못한 현실 사회가 나를 기다리고 있었던 것이다.

그런 고민과 한숨 속에서 전역을 하게 되었다. 집에서는 막 전역한 아들을 처음부터 몰아세우지는 않았다. 어느 가족이나 그렇듯이 얼마간의 쉼과 여유는 허락해 주었다. 나 역시 그 언제까지인지 모를 여유로움을 조금은 즐기기로 했다. 푹 쉬면서 인생의 다음 단계를 준비해 봐야겠다고 생각하며 마음의 부담들을 잠시 내려놓았다. 얼마나 그렇게 놀았을까, 슬슬 압박이 오기 시작했다. "말하지 않아도 알아요"라는 시엠송처럼 부모님이 굳이 말씀하시지 않아도, 눈빛만으로 때가 되었다는 사실을 깨달았다.

나는 먼저 철저히 이성적인 판단으로 현실을 점검해야 했다. '내가 지금 할 수 있는 것은 과연 무엇일까?' 내 인생을 어떻게 풀어 가며, 어떤 사람으로 살아가야 할지에 대한 근본적인 대책이 필요했다. 그 즈음 나는 TV 특강을 통해 기가 막힌 이야기를 듣게 되었다. 어느 강사의 강의 내용 중, 내 마음에 아로새겨진 말이었다.

"여러분이 가장 잘할 수 있는 것을 찾으세요! 그리고 그 일을 할 때 가장 즐겁고 행복하다면 그것이 바로 여러분의 천직일 것입니다!"

'그래 맞아! 바로 저거야! 내가 가장 잘할 수 있는 것! 내가 가장 즐겁고 행복하다고 느끼며 할 수 있는 것! 그걸 찾자! 그걸 나의 직

업으로, 내 일로 삼아야 되겠다!'

한동안 무력감과 나태함 가운데 빠져 있었던 스스로에게 갑자기 새로운 활력과 기대감이 가득 차오르는 것을 느낄 수 있었다.

'내가 가장 잘하는 게 뭐지? 내가 가장 행복할 때가 언제였지?' 그 정답을 찾는 시간은 오래 걸리지 않았다. '그래! 맞아! 나는 가수가 될 거야!'

어린 시절부터 노래 부르는 것을 참 좋아했다. 그리고 곧잘 불렀던 것 같다. 초등학교 시절 수업 시간에, 앞에 나가 노래 부르는 일이 많았고, 중학교 때 소풍을 가면 반별 장기 자랑에서 노래는 항상 내가 맡았다. 중, 고등학생 시절에 다니던 교회에서 찬양을 하면 솔로 파트는 항상 나의 몫이었다. 고등학교 가요제에서도 대상과 금상을 수상한 적이 있어, 동네에서도 나름 인정받았던 '가수' 였다. 그렇게 나는 취미 생활로 해 왔던 노래를 직업으로 삼아야겠다고 결심하게 되었다. '아, 바로 이 길이 내 길이구나. 가수! 정말 멋진 직업인데?'

그 생각을 하자마자 나는 이미 가수가 되어 있었다. 마치 연말 가요제에서 '10대 가수상'을 받고 감격에 차 수상 소감을 말하는 내 모습을 머릿속에 그리고 있었다. 발매한 앨범이 밀리언셀러를 기록하며 연일 신문, 방송을 장식하고, 화려한 무대와 조명 사이에서 수많은 팬의 환호를 받으며 노래를 부르는 가수의 모습을 떠올렸다. 그렇게 가수의 꿈이 생겨나자 갑자기 마음이 다급해졌다. 지체할 시간이 없다는 생각이 들었고 가수의 꿈을 어떻게 펼쳐 갈 수 있을지 알아보기 시작했다. 그런데 정말 감사하게도 당시에는 가수를 뽑는 오디션이 참 많았다. 인터넷 포털 사이트에 '가수 오디션'이라고 치면 수많은 오디션 광고를 쉽게 확인할 수 있었다. 당시 나는 이 모든 게 마치 나를 향해 열린 기회라는 생각이 들었다. '아! 이제 나도 가수가 되는구나! 말 그대로 별 중의 별, 스타가 되는구나! 연예인 박요한! 으하하하!'

허파에 바람이 들어갔었다. 어디서부터 그 거대한 바람이 꽉 들어찼는지, 헛바람이 잔뜩 들어가 있었다. 제대로 시작해 보지도 않고, 오디션도 한 번 보지 않았는데, 이미 다 이룬 행세를 하고 있었다.

그렇게 나는 원대하고 야심 찬 꿈 하나로 오디션을 보러 다니기 시작했다. 오디션을 보기 전에는 필수적으로 준비해야 할 것들이 있는데, 직접 부른 노래가 녹음된 데모 CD와 프로필 사진들이다. 당시에도 나 같은 가수 지망생들이 녹음을 할 수 있는 스튜디오가 있었다. 그곳에서 노래를 녹음하고 프로필 사진도 찍었다. 그렇게 인터넷을 통한 원서 접수로 나의 본격적인 오디션 도전이 시작되었다. 그중에는 이름만 대면 알만한 큰 기획사들도 있었다.

JYP에서 1차 오디션을 합격하고 2차 오디션을 보기 위해 사무실로 찾아간 적도 있었다. 하지만 야심차게 진행되었던 2차 오디션은 나의 기대와 달리 결과가 좋지 않았다. "저희 회사의 이미지와는 맞지 않습니다. 죄송합니다."라는 고배의 소식이 날아왔던 것이다. 이후에도 나의 오디션 탈락 소식은 계속 이어졌다.

그런데 그 순간마다 내 마음속에 지배적으로 자리했던 생각들이 있었다. '아니, 어떻게 이런 인재를 몰라볼 수 있을까? 저 회사들은 정말 큰 별을 놓친 거야.' 하면서 홀로 위안을 했던 것이다.

그러던 중 작곡가 이경섭 씨의 오디션에서 1차 합격을 했고, 4인조 혼성 보컬 팀을 뽑는 오디션의 1차 서류 심사에도 합격을 했다. 그런데 공교롭게도 이 두 오디션이 같은 날짜의 오전과 오후에 적절하게 배치되어 있어서 나는 그것이 하나님이 주신 기회라는 생각밖에 들지 않았다. 그러고는 이번에 실패하면 다시는 기회가 오지 않을 수 있다는 불안감으로 며칠 남지 않은 두 개의 오디션을 기다리며 열심히 노래 연습을 했다.

그런데 오디션 당일, 어머니가 갑작스럽게 입원을 해 수술을 해야 하는 응급 상황이 발생했다. 어머니는 평소에 당뇨로 인한 합병증으로 고생하셨는데 신장에 문제가 생겨서 수술을 해야 하는 상황이 온 것이었다. 그런데 아버지는 출근을 하셔야 했기 때문에 내가 어머니의 보호자로 병원에 가야 했다. 결국 나는 오디션에 참가할 수 없게 되었고, 내게 온 두 개의 기회를 모두 포기할 수밖에 없었다. 내 힘으로는 어떻게 할 수 없는 일이었기에 너무 속상하고 안타까웠다. 어쩔 수 없는 현실에 눈앞이 깜깜했다. 그런데 오디션 회사에 전화를 걸어 상황을 설명하면 혹시라도 한 번 더 기회를 주지 않을까 하는 마지막 기대가 생겨, 밑져야 본전이라는 심정으로 전화를 걸어 보았다. 하지만 두 곳 모두 "안타깝지만 저희로서는 다른 방법이 없네요. 다음에 기회가 있으면 또 도전해 보시죠."라는 대답을 할 뿐이었다.

'그럼 그렇지. 이 오디션에는 수많은 사람들이 도전을 했을 텐데, 나 따위가 뭐라고 기회를 줘……' 일말의 기대로 시도했던 전화였지만 역시 기적은 일어나지 않았다. 나는 눈물을 머금고 어머니가 계신 병실로 돌아갔다.

사실 말이 좋아 간호지, 군대에서 갓 전역해 투박하기만 한 아들 녀석이 무슨 도움이 되었을까? 그저 자리만 지키는 정도였을 것이다. 나는 병실 한쪽 구석에 앉아 그저 내 처지가 너무 불쌍하다는 생각을 했다. 풍운의 뜻을 품고 도전한 가수의 꿈이 한순간에 무너져 내린다고 생각하니 속상하고 화가 났다. 처음 도전했을 때 내 안에 가득 찼던 기대와 용기들은 다 어디로 갔는지, 앞으로 또 다른 오디션을 볼 자신조차 없어졌다.

그때였다. 한 통의 전화가 걸려 왔는데 발신 번호를 확인하니 아까 통화했던 혼성 보컬 그룹을 뽑는 회사였다.

"아! 네, 여보세요?"

"네, 여기는 OO미디어입니다. 저희 회사에서 박요한 씨에게 한 번 더 기회를 드리고 싶어서 전화를 드렸습니다. 시간 어떠신지요? 저희 사무실로 다시 한 번 방문해 주시면 개별 오디션을 진행하도록 하겠습니다.”

'할.렐.루.야!' 기적이 일어났다. 말이 안 된다고 생각했다. 이건 사람의 생각으로는 도저히 설명이 안 되는 것이었다. 그러니 하나님이 하신 일이었다.

정말 행복하고 기뻤다. 그때 병실에 누워 계셨던 어머니에게도 이 기쁜 소식을 전했다. 어머니는 힘겨운 가운데 미소를 지으며 함께 기뻐해 주셨다. 나중에 알게 된 사실이지만 어머니의 수술 소식을 전해 들은 회사 쪽에서 안타까운 내 상황을 듣고 선처를 해 주었던 것이다. 얼마나 감사하고 또 감사했는지 모른다.

사실 내가 그 기획사에 데모 CD를 보낼 당시, 나는 CCM이라는 장르에 대해 문외한이었다. 이런 찬양 문화가 아니, 이런 세상이 있다는 사실조차 알지 못했다. 그런데 1차 합격을 하고 나서 해당 회사 사이트에 들어가 보니 그 오디션은 바로 CCM 가수를 뽑는 오디션이었던 것이다. 그리고 그 사이트에서 처음 듣게 된 팀의 대표곡, 〈기대〉에 대한 감동이 가슴 깊이 남게 되었다.

그런 우여곡절을 겪으며 개별 오디션을 본 곳은 바로 혼성 CCM 그룹인 '워킹'이라는 팀이었다. 당시에도 〈주 안에 우린 하나〉, 〈기대〉라는 찬양은 이미 많은 크리스천들에게 사랑받는 곡이었으므로, 찬양 사역을 꿈꾸는 많은 사람이 그 오디션에 참가했었다. 그리고 그중 하나였던 내가 바로 그 치열한 경쟁을 뚫고 합격하게 되었다.

나는 '워킹' 팀의 오디션 합격 소식을 어머니에게 전해드렸다. 그 즈음 어머니는 악화된 병세로 기력이 많이 쇠하셨다. 어머니는 내 이야기에서 무엇보다 '워킹' 팀이 하나님을 찬양하는 팀이라는 사실에 가장 기뻐하고 반가워하셨다. 어머니가 기뻐하시며 해 주신 말씀이 아직도 생생히 기억난다.

"엄마는 아들이 찬양하는 사람이 되면 너무 좋겠어! 하나님을 노래하는 사람! 얼마나 귀하고 아름답니?"

어머니의 그 말씀이 나를 이끌었다. 감히 찬양 사역자라는 말을 담아내기 부끄러운 철부지를, 그저 노래하는 게 마냥 좋았던 풋내기 청년이 찬양 사역자로서 살아가겠노라 결심할 수 있었던 가장 큰 이유는 바로 어머니의 기뻐하시는 모습 때문이었다. 병환 중에서도 내가 찬양하는 모습들, 활동하는 모습들을 보시며 열심히 응원해 주셨던 그 모습이 아직도 너무나 그립고 보고 싶다.

또한 돌이켜보니 예수님의 사랑과 긍휼이 나를 품어 주시고 한 번 더 기회를 허락해 주셨기에 내가 찬양 사역자로 살아갈 수 있었던 것 같다.

워킹 팀은 1997부터 두 번째 멤버들을 거쳐 2001년에 네 명의 남녀 혼성팀으로 새롭게 구성되었다. 박요한, 장근희, 김만희, 유효림. 이렇게 4명으로 구성된 워킹 팀은 2000년부터 2003년 8월까지 수많은 교회와 단체에서 찬양 사역을 감당했다. 풋풋한 신인 CCM 가수들이 전국 방방곡곡을 다니며 경험했던 그 사역의 시간들은 지금 생각해도 엄청난 특권이었고 은혜였다. 멤버들끼리 함께 울고 웃던 3년여의 시간. 그저 감사함밖에는 다른 고백이 없다. 그리고 지금도 여전히 각자의 자리에서 쉼 없이 찬양의 통로로 쓰임 받는 '워킹들'이 자랑스럽다. 그들이 있었기에 내가 하나님 안에서 꿈을 펼칠 수 있었다.

처음에 나는 단순히 가수가 되고 싶었다. 무대 위에서 팬들의 환호를 받는 화려한 삶. 그러나 그것은 하나님이 나에게 주시려는 꿈이 아니었다. 하나님은 내가 하나님을 노래하는 사람이 되어, 무대 위에서 하나님에게 환호를 돌리는 가수로 성장해 가도록 하나님의 뜻대로 이끌어 주셨다. 그렇게 나를 축복의 통로가 되게 해 주신 은혜에 감사드린다.

우리는 삶에서, 우리가 꾸는 꿈과 하나님이 주시는 꿈을 구별할 수 있어야 한다. 그 방법은 무엇일까? 그것은 먼저 우선순위를 정하는 방법에서부터 시작해야 할 것이다. 내가 하고 싶은 것과 하나님이 나를 통해 하기 원하시는 것이 무엇인지, 또 나에게 우선순위가 되는 것과 하나님에게 우선순위가 되는 것에 따라 그분의 뜻을 헤아려 볼 수 있다.

나 역시 내가 하고 싶은 것, 내가 되고 싶은 것을 미리 스스로 정해 두고, 그것을 하나님이 내게 허락하신 비전과 계획이라며 우기던 시절이 있었다. 하지만 우리 모두에게는 하나님이 허락해 주신 달란트가 분명히 있다. 그러므로 그것을 발견하고 개발하여 하나님에게 쓰임 받아 온전히 그분의 영광을 드러낼 수 있는 인생이 된다면 더없이 값진 삶을 살 수 있을 것이다.

하나님에게는 우리를 향한 분명한 계획이 있기 때문에 그 아들 예수 그리스도를 우리에게 보내 주셨다. 따라서 우리는 이 사실을 기억하고 어떤 일이든 믿음으로 순종하며 하나님의 역사하심을 기대해야 한다.

하나님이 세상을 이처럼 사랑하사 독생자를 주셨으니

이는 그를 믿는 자마다 멸망하지 않고 영생을 얻게 하려 하심이라

(요한복음 3:16)

'축복의 사람'으로 부르시다

2003년 8월, 나는 워킹 팀 사역을 내려놓게 되었다. 벌써 10년이 지나 잘 기억나지 않는 당시의 일들을 떠올려 보니 참으로 어린 시절이었고 또 부끄러운 모습들이었다. 구체적으로 말하면 가수 쪽에서 계약을 파기한 상황이었다. 나는 그때 뭐가 그리 힘들었는지 팀 사역을 내려놓고 싶다는 생각이 들었다. 당시에는 여자들과 함께한다는 것이 나와는 잘 맞지 않는다는 성숙하지 못한 생각이 있었던 것 같다.

워킹 팀은 계속되는 내분으로 인해 해체되었다. 팀원들은 각자에게 맡겨진 사역의 길을 따라 헤어졌다. 멤버들은 각각 생각이 있는 듯했다. 나 역시 인생의 다음 사역을 어떻게 준비할지 계획해야 했지만, 여전히 군 전역 후 가수로서의 첫걸음을 준비할 때와 마찬가지로 막막하기만 했다.

고민 끝에 3년의 시간을 함께했던 워킹 팀의 멤버 만희와 진로를 나누며 이야기했다. 만희는 CCM 가수로 활동하기 전부터 유명한 기획사에 발탁되어 연습한 적이 있었다. 그렇게 대중 가수의 길을 준비했을 만큼 좋은 목소리를 가진, 실력 있는 친구였기 때문에 워킹 팀 이후의 준비들도 나보다는 훨씬 수월해 보였다.

우리는 함께 사이다를 마시며 깊고 진솔한 대화를 했다. 그러던 중, 우리가 듀엣을 해 보면 어떨까 하는 이야기를 나누었다. 뭔가 그림이 괜찮은 것 같았다. 네 명이 활동할 때는 느끼지 못했던 막막한 두려움 때문에 혼자서는 도저히 자신이 없었는데 만희와 함께라면 두렵지 않을 것 같았다. 다시 용기와 힘이 생겼다. 어디서부터 어떻게 시작해야 할지는 몰랐지만 잘 되리라는 믿음이 생긴 것이다. 그렇게 우리는 의기투합하여 기도해 보기로 했다.

그 후 며칠이 지나 은성이와 만나게 되었다. 일상적인 대화를 나누며 시간을 보내던 중 은성이에게 워킹 팀 사역을 내려놓고 새로운 사역을 준비한다는 이야기를 전했다. 그 이야기를 들은 은성이는 우리에게 대뜸 한 가지 제안을 했다.

"너희, 우리 회사 사장님 한 번 만나 볼래? 사장님이지만 진짜 좋은 형이거든!"

그 회사는 바로 '트리니티 뮤직'이라는 회사였고, 사장님은 찬양 사역자 선배인 안성진 형님이었다. 워킹 팀 활동을 하며 몇몇 공연에서 만난 적도 있었던 그분은 바로, CCM 계의 테리우스라고 불리며 싱어송 라이터이자 제작자로서 멋진 영향력을 끼치고 있는 분이었다.

은성이가 먼저 우리의 상황을 그분께 말씀드려 주었고 우리는 약속 날짜를 잡아 만나게 되었다. 그분은 우리를 좋은 후배이자, 동생으로 봐 주셨고, 함께 무언가를 만들어 가는 데 있어서 긍정적인 반응을 보여 주셨다. 그렇게 남성 듀오 팀을 구성해 보자는 계획을 진행하게 되었던 것이다.

한국 CCM 계에는 하나님의 통로로 멋지게 쓰임을 받고 있는 남성 듀엣 팀들이 많이 있다. '다윗과 요나단', '좋은 씨앗', '꿈이 있는 자유', '소리엘', '소망의 바다', '시와 그림' 등. 우리는 그 계보를 이어가는 팀이 되고 싶었다. 선배님들이 걸어가고 열어 가신 그 믿음의 길을 좇는 후배가 되고 싶은 마음이 생겨났다. 그렇게 남성 듀오에 대한 구상을 마치고 우리는 어떤 팀명과 어떤 콘셉트로 앨범을 만들어야 할지 구체적인 기획에 들어갔다.

제일 중요하게 생각한 것은 팀명과 타이틀 곡에 담긴 메시지였기 때문에, 우리는 하나님이 귀하게 사용하시는 작곡가들의 곡을 모으고 우리의 고백도 담아내는 작업을 했다. 그렇게 팀명을 정하며 선곡 작업을 하던 중 <또 하나의 열매를 바라시며>와 <하나님

아버지의 마음>을 작곡하신 설경욱 목사님의 <축복의 사람>이라
는 곡을 받게 되었다.

그중 <축복의 사람>이라는 곡 제목이 마음에 와 닿았다. 그때 성
진 형이 곡 이름을 아예 팀명으로 하면 어떻겠냐고 했다. 그 이야
기를 듣자 '축복의 사람'이라는 정체성을 가지고 찬양을 통해 수많
은 축복의 사람들을 만나 함께 은혜를 나누면 정말 좋겠다는 생각
을 하게 되었다. 그리고 그 이름 안에 중요한 메시지를 담아내고
싶었다. 그 메시지는 이 땅 순교자들의 고귀한 순교로 인해 우리
가 복음을 듣고 축복의 사람이 되었다는 내용이었다. 바로 이 메시
지를 담은 곡 이름이 우리의 팀명으로 정해졌고 동시에 타이틀 곡
으로 지정되었다.

그렇게 2004년 2월, '축복의 사람' 1집이 <축복의 사람>이라는
동명 앨범으로 발매되었다. 돌아보면 '축복의 사람'이라는 이름으
로 새로운 사역을 시작할 수 있었다는 것이 얼마나 감사하고 기쁜
일인지 모른다. 부족하고 부족한 사람이 하나님의 사랑을 가득 담
아 축복의 통로가 될 수 있었다는 것 자체가 크신 하나님의 사랑이
었다. 그리고 또 한 가지, 축복에 대해 깊이 깨달은 진리가 있다. 축
복이란 내 삶의 기도가 이루어지고, 그 응답을 듣는 것이 아니라 예
수 그리스도의 이름, 그 이름을 아버지라고 부를 수 있다는 그 자체
에 있는 것이다. 나는 이제 그러한 축복을 전하고 다니는 '축복의
사람'이다. 자존감을 잃고 넘어져 있는 사람을 만나, 복음의 능력

을 경험하는 것이 크나큰 축복임을 전하는 것, 그것이 바로 '축복의 사람'에게 하나님이 허락해 주신 귀한 소명임에 감사할 따름이다.

"주께 힘을 얻고 그 마음에 시온의 대로가 있는 자는 복이 있나이다" <시편> 84편 5절 말씀이다. 이 찬양을 부르며 축복의 사람으로 길을 걸어온 지도 어느덧 10년의 시간이 흘렀다. 나에게 허락해 주신 이 팀명에 부끄럽지 않은 사역들을 잘 감당했는지에 대해서는 부끄러운 고백이 가득하지만, 분명한 것은 나의 약함 가운데 강함이 되시는 주님의 능력이 있었기에 이 귀한 사역의 길을 감당할 수 있었음을 고백하며 감사의 찬양을 올려 드린다. 13여 년간을 함께 달려왔고 또 앞으로도 귀한 동역을 함께해 나갈 최고의 파트너 만희와 하나님께서 축복의 사람으로 인도하시고 사용하실 그 순간까지 열정을 다할 것이다.

또한 온 땅 구석구석에 주님을 찬양하는 축복의 사람들로 인해 오직 주님의 이름만이 높아지길 기도한다.

<출애굽기>에서 이스라엘 백성들은 광야로 인도하시는 하나님의 결정을 쉽게 이해할 수 없었을 것이다. 그래서 당시 끝없는 사막의 광야를 거닐며 사람들의 불평은 커져만 갔다. 그러나 신실하신 하나님은 그들과 늘 동행하셨으며 앞서 그 길을 예비해 주셨다.

우리 인생길에서 하나님의 계획 또한 이와 같다. 그 순간은 비록 우리의 지혜와 상식으로 이해할 수 없을지라도 하나님은 또 다른 예비하심의 길로 우리를 인도해 주실 것이 분명하다.

너는 마음을 다하여 여호와를 신뢰하고 네 명철을 의지하지 말라

너는 범사에 그를 인정하라 그리하면 네 길을 지도하시리라

(잠언 3:5~6)

그날! 제주도에서의 고백

지난해 제주도 사역을 가게 되었다. 친구이자 동역자인 은성이와 동행하는 사역으로, '유은성'과 '축복의 사람'이 함께하는 찬양 예배를 드리기 위해서였다. 우리 두 팀은 데뷔 때부터 함께하는 일들이 자주 있었기 때문에 국내 사역뿐만 아니라 해외 사역에도 동행한 적이 많았다. 그럼에도 제주도에서의 사역은 오랜만에 함께하는 여정이었고, 비행기를 타고 가는 섬나라여서인지, 새로운 기대와 설렘이 있었다.

특히 이번 사역은 조금 특별한 찬양 집회로, 인천에 위치한 숭덕여자 고등학교 학생들의 수학여행 일정 중에 속한 프로그램이었다. 학창 시절 수학여행을 가 본 사람이라면 알겠지만, 어느 학교가 수학여행 일정 중에 찬양 집회를 할까? 친구 은성이를 통해 처음 이 내용을 전해 들었을 때부터 이번 집회 일정 동안 큰 은혜가 있을 것 같은 기대가 생겼다. 나는 수년 전 숭덕여고 채플 예배에서 찬양 집회를 했던 적이 있었고, 대학원에서 교육학을 전공한 은성이는 숭덕여고에서 교생실습을 했던 특별한 인연이 있었기에 이번 집회가 추진될 수 있었다.

그날 제주도의 어느 교회 예배당을 빌려 진행된 저녁 찬양 집회는 예상대로 기쁨 가득한 찬양과 뜨거운 은혜가 있는 시간이었다. 교회에 다니지 않는 친구들이 많았음에도 불구하고 찬양의 뜨거운 열기는 믿지 않는 친구들에게까지 전해졌다. 그렇게 한마음 한뜻으로 찬양 집회를 마친 후 숙소에 돌아와 보니 선생님들이 모이신 자리 한쪽에 우리 자리도 마련해 주셨다. 제주산 물회와 모듬회, 치킨과 피자들이 한 상 가득 차려져 있었는데 우리는 찬양 집회가 끝난 후 몰려오는 허기로 음식들을 정신없이 먹었다. 숙소도 아주 좋은 곳으로 마련해 주셔서 우리 셋은 함께 간만의 여유를 즐길 수 있었다.

다음 날 오후에 비행 일정을 잡아 두었던 터라 오전에 일찍 일어나 근처 관광지를 둘러보고 점심 식사 후 공항으로 이동할 계획이었다. 이미 피곤으로 가득 차 있었던 만희는 먼저 방에 들어가 숙면에 빠졌고 은성이와 나는 다정히 이야기를 나누었다. 시간이 꽤

깊었고 하루 일정을 마친 때라 둘 다 피곤한 상태로 침대에 누워 이런저런 수다를 떨었다. 결혼하기 전에는 은성이와 자주 동침(?)을 했다. 여자 셋이 모이면 접시가 깨진다는 말이 있는데, 사실 남자들의 수다도 만만치 않다는 것을 은성이와 함께 있으면 실감하곤 한다. 그렇게 우리는 만나기만 하면 밤새는 줄 모르고 끝없는 수다 삼매경에 빠지기 일쑤이다. 그날 밤은 더욱이, 내가 결혼한 후 정말 오랜만에 여유 있게 나누는 수다였기 때문에 둘 다 쉴 새 없이 이야기를 했다.

그런데 바로 그때 '대 사건'이 발생하게 된다. '사건'이라는 단어 외에 다른 말로는 표현할 수 없는 일이 벌어진 것이다. 시작은, 내 마음속 깊은 곳에서 자꾸 은성이에게 내 출생의 비밀을 고백하고 싶어지는 것에서부터였다.

밤에는 사람이 센티멘탈해진다고 한다. 그런데 그때의 심정은 그런 감성적인 차원의 변화가 아니었다. 말 그대로 무엇인가 강력한 힘이 내 감정을 이끌었다. 나는 계속해서 이성적으로 내 자신을, 감정을 제어했다. '아, 내가 왜 이러지? 은성이랑 친구로 지낸 지 10년이 훨씬 넘는 시간동안에도 굳이 이야기하지 않았었는데……. 아니 할 필요가 없다고 생각했는데……. 도대체 내가 왜 이러지?' 마음속으로 계속해서 이 생각을 되뇌며 말이다. 나는 감정이 반응한 것이라고 생각하고 계속해서 솟아나는 감정을 꾹꾹 눌렀다. 하지만 도저히 통제할 수 없는 상황에 이르렀다. 그 순간 나는 마음속으로 기도했다. '하나님! 지금 제가 저의 이야기를 하기 원하시는 것인가요? 만일 그렇다면 제 입술을 주장해 주세요.' 짧고 강한 기도였다.

그리고 나는 은성이와 나누던 대화 가운데 밑도 끝도 없이 말을 던졌다.

"친구야, 나 너한테 할 말 있어!"

"뭔데? 지금 계속 말하고 있잖아."

"아니, 그런 거 말고 너한테 고백할 게 있어!"

"고백? 너 나한테 무슨 죄 지은 거 있냐? 뭐 속였어?"

"아니, 그런 게 아니라 …… 내 비밀에 대해서 고백할 것이 있다고."

은성이는 아마 내가 무슨 거짓말을 했거나 자기를 속이는 게 있다고 생각했을 것이다. 내가 꺼낼 이야기에 대해서는 꿈에도 생각 못한 채. 나는 짧게 한 번 심호흡을 하고 입을 열었다.

"친구야, 나 사실은 출생의 비밀이 있어."

"…… 무슨 비밀?"

"나 출생의 비밀이 있다고."

"뭐? 그게 무슨 소리야!"

"나 실은 입양됐어. 네가 알고 있는 우리 부모님은 친부모님이 아니야. 그분들이 나를 입양하신 거야."

그 누가 이런 이야기를 듣고 단번에 믿을 수 있을까? 갑자기 말도 안 되는 소리를 해대는 나를 이상하게 보는 것이 당연했다. 은성이는 어이없는 듯이 웃으며 말했다.

"야! 너 도대체 무슨 소리 하는 거야? 입양이라고? 너희 부모님이 친부모님이 아니라고?"

"응, 정말이야. 나 입양아야."

쉽게 꺼낼 수 없는 이야기를 재차 했더니, 내내 가벼웠던 은성이의 표정이 점점 진지해졌다. 누워 있던 은성이는 벌떡 일어나 앉았다. 도무지 무슨 상황인지 정리가 안 된다는 표정이었다.

"친구야, 너 이런 걸로 장난치면 안 되는 거 알지? 지금 한 말 진짜야?"

"어, 그래. 말한 그대로 진짜야. 이제야 고백해서 괜히 미안하다. 숨기려고 한 건 아니었는데 굳이 말할 필요도 없다고 생각하며 살았네. 근데 오늘 너무 이상하게도 성령님이 자꾸 이 이야기를 오픈하게 하셨어. 어떻게든 안 하려고 몸부림쳤는데 안 되네. 속였다고 생각하지는 말아 주라."

그런데 그 순간 은성이는 갑자기 무릎을 꿇고 자신의 감정을 조절하기 위해 노력하며 이야기했다.

"아, 진짜 어떻게 이런 일이 일어나냐? 아니, 어떻게 너한테 이런 영화 같은 스토리가 있을 수 있냐?"

은성이는 짧은 탄성을 계속해서 연발하며 말을 이어갔다.

"요한아, 너는 진짜 하나님의 특별한 아들인가보다. 하나님의 특별한 계획이 있는 게 분명해. 오, 주여!"

은성이의 음성은 떨렸다. 그리고 눈가에 맺힌 눈물을 글썽이며 이야기하는데, 그 모습에 오히려 내가 더 당황할 정도였다. 그리고 이어지는 은성이의 말이 나에게는 마치 하나님의 음성처럼 들렸다.

"요한아, 왜 이 이야기를 숨기면서 살았어. 성령님이 너를 통해 분명히 하고 싶은 이야기들이 있으셨을 텐데. 너의 삶을 통해 하나님의 더 놀랍고 큰 영광을 드러내시길 원하셨을 텐데, 왜 이 사실을 그렇게 오랫동안 숨겨 둔 거야. 지금 내 안에 강력하게 떠오르는 생각은, 너를 상처 입은 치유자로 사용하기 원하시는 하나님의 마음이 느껴진다는 거야. 꼭꼭 숨겨 두고 감춰 두며 살았던 너의 모습을 보며 하나님이 안타까워하셨을 거 같아……."

복받치는 감정으로 애통해 하며 이야기를 전하는 은성이의 말들이 나에게 거대한 울림으로 다가왔다. '아, 성령님이 은성이를 통해 간절한 마음을 전해 주시는구나.' 마치 오랫동안 나의 정체성을 인식하지 못하고 살다가 뒤늦은 깨달음이 순식간에 밀려오는 기분이었다.

중학교 시절, 출생의 비밀을 알았던 그날 이후에도 버려진 자식이라는 사실과 양부모로부터 입양됐다는 사실로 인해 오랫동안 깊은 상실감에 빠지거나 가슴이 무너지듯 힘겨웠던 시절은 없었다. 아니, 그 시간들을 잘 견뎌 왔던 것 같다. 나를 길러 주신 부모님이 하신 말씀처럼 하나님이 나를 양부모님에게 인도해 주셨고, 나를 친자식처럼 여기고 키우게 해 주셨기에 내가 고아라는 생각을 하지 않고 지낼 수 있었던 것이다. 그리고 그 이유 때문에 나는 출생의 비밀을 군이 밝힐 필요가 없었던 것 같다. 그랬던 나에게 제주도에서의 깊은 밤, 어느 숙소에서 일어난 이 '고백 사건'은 삶에 크나큰 획을 긋는 사건이 아닐 수 없었다. 은성이는 나에게 이런 놀라운 이야기가 있었다는 것이 오히려 부럽다고 했다. 그러면서 놀라운 하나님의 계획과 인도하심의 은혜를 간증할 수 있는 앞으로의 내가 기대된다고 했다.

그렇게 은성이와 나의 열띤 대화는 새벽녘부터 동틀 때까지 이어졌다. 그 늦은 밤, 내 이야기를 하게 하신 성령님의 깊은 뜻과 계획이 어떤 것일지 더 궁금해지기 시작했다. 그리고 그 기대는 이번 제주 집회 전에, 특별한 은혜가 있을 것 같았던 내 예감에 대한 확증을 포함하기도 했다. 결국 하나님이 그 밤에 일하시고 역사하셨던 사건으로, 은성이와 나는 둘만의 특별한 비밀을 갖게 되었다. 계속 얼떨떨했던 나에게 은성이는 말했다.

"친구야! 하나님이 어떻게 인도해 가시고 풀어 가실지 함께 기대하면서 기도해 보자!"

그리고 옆방에서 자고 있던 만희를 통해 아름답게(?) 울려 퍼지는 코골이 소리를 자장가 삼아, 우리는 여전히 두근거리는 마음을 달래며 잠을 청했다.

제주도 '고백 사건'이 있은 후부터 나에게는 가장 중요하고도 시급한 기도 제목이 하나 생겼다. '과연 지금 이 상황이 나의 이야기를 하라고 하시는 하나님의 타이밍일까? 정말 하나님의 때가 되어서 이런 상황을 허락해 주신 것일까?' 내 안에는 이런 질문들이 가득 찼다.

아내에게도 제주도에서 있었던 일을 빨리 전하고 싶었지만 이야기할 용기가 쉽게 나질 않았다. 아내 이외에 다른 누군가에게는 밝히지 않았던 이 비밀스러운 이야기를 왜 상의 없이 섣불리 말했느냐고 추궁받을 것 같기도 했고, 괜히 밤늦은 시간 감성에 젖어서 주책없이 굴었다는 핀잔을 들을까 걱정이 되기도 했다. 하지만 그럼에도 불구하고 아내에게 이 이야기를 전한 후에 함께 기도해야 할 것 같은 생각이 들었다.

그러던 어느 날 밤, 아이들을 먼저 재운 후 가장 좋은 타이밍이라는 생각이 들었을 때 조심스럽게 이야기를 꺼냈다.

"여보, 사실은 지난 번 제주도 사역 갔을 때 은성이한테 내 입양 사실을 얘기 했어……."

"뭐라고?"

예상대로 아내는 화들짝 놀랐다. 나는 아내에게 차근차근 그날 있었던 일들을 설명했다. 거부할 수 없는 성령님의 강력한 이끄심을 경험하며 고백할 수밖에 없었던 상황들과 은성이의 입술을 통해 성령님이 말씀하시는 음성을 들었다고 했다. 그리고 하나님의 인도하심을 기대하며 하나님이 어떻게 역사해 가실지 함께 기도해 보자고 했었던 이야기를 하는데, 아내의 눈에 눈물이 그렁그렁 맺혔다. 아내 역시 생각지도 못한 일인듯 당황했지만, 그보다 정말 하나님이 그분의 때에 그 이야기를 밝히기 원하신다는 것을 느낀 순간, 말로 형용할 수 없는 은혜가 있었다고 한다.

"사람이 마음으로 자기 길을 계획할지라도 그의 걸음을 인도하는 자는 여호와시라"(잠언 16:9).

우리는 오직 이 말씀을 붙잡고 기도할 수밖에 없었다. 정말 하나님의 타이밍이라면 반드시 주님이 길을 열어 가실 것이라고 생각했다. 나의 생각, 나의 계획을 내려놓고 주님이 더 확실히 일하실 수 있도록 나를 비워 내는 작업이 필요하다는 것을 절실히 느꼈다.

그날 밤 우리 부부는 여호와 이레 하나님 앞에 함께 기도하며, 나의 사역에 있어 입양 사실을 밝힌다는 것에 대해 주님이 열어 가실 선한 일들을 바라보기로 했다. 그날 밤 아내와 나의 두근거리는 떨림은 하나님이 새롭게 역사하실 부분들에 대한 기대인 동시에 여전히 마음 한구석에 남아 있는 의구심에 의한 것이었다.

우리는 살아가면서 참 다양한 경험을 한다. 그 인생길 가운데 경험하는 많은 것 중에는 쉽게 설명되고 이해될 수 있는 부분들도 있지만 때로는 말로 설명할 수 없는, 우리의 상식으로는 이해하기 힘든 일들을 경험하기도 한다. 그러나 나는 세상이 우연의 일치라고 말하는 것들을 그저 우연이라고 생각하지 않는다. 성령님의 역사하심과 인도하심 외에 어떤 설명이 가능할까? 그 은혜를 경험할 수 있어서 정말 행복하다. 그 은혜가 내게 있어서 정말 감사하다. 또한 그 은혜를 함께 나누는 동역자들을 만나게 되어 무척 기쁘다.

'할렐루야!' 이것이 바로 하나님이 허락하시는 '만남의 축복'인 것이다. '감사, 감사, 또 감사.' 감사를 잊고 살았던 내 삶에 감사의 강물이 넘쳐나고 있다. 하나님의 측량할 수 없는 그 은혜와 인도하심에 어찌 감사의 찬양을 드리지 않을 수 있을까? 찬양 사역자로서 여전히 주님의 이름을 전하고는 있지만, 순간순간 매너리즘에 빠지며 안일한 고백을 드리는 스스로의 모습들을 발견할 때마다 회개의 기도를 드린다. 그동안 감사조차도 습관적인 고백이 되어버린 것 같다. 내 인생을 책임지고 주관하고 계획하시는 하나님의 퍼즐이 하나하나 맞춰져 갈 때에도 삶에 만족하지 못하고 불평을 늘어놨던 내 모습이 너무나도 부끄럽고 죄송할 따름이다.

나에게 오랜 세월이 지나도 변함없는 진리가 있다. 언제 어디에서든, 누구를 만나든, 또 어떤 사람들이 얼마나 모여 있든, 내 안에 주님을 향한 고백과 노래는 절대 제한되어서는 안되며 죽을 힘을 다해, 온 마음을 다해 선포되어져야 한다는 것이다. 많은 사람들에게 큰 은혜를 끼치고 있는 <온 맘 다해>라는 찬양의 가사가 더더욱 마음에 새겨진다. "다 이해할 수 없을 때라도 감사하며 날마다 순종하며 주 따르오리다."

내 인생은 내가 이해할 수 없는 인생이었을 수 있다. 아니 불평과 적개심으로 가득 찬 인생이 될 수도 있었다. 그러나 삐뚤어진 가치관으로 성장했을지 모를 내 인생이 하나님 손에 붙들려지니 평탄하고 순탄한 길이 되었다. 하나님의 주권 아래 속하니 천국 백성으로 살아올 수 있었던 것이다. 이것이 바로 내 삶에 대한 감사와 찬송의 이유일 수밖에 없다. 버려진 고아를 축복의 사람으로 만드신 하나님의 그지없는, 갚을 길 없는 은혜 앞에 오늘도 엎드려 경배드리며 이 사실을 세상에 전하지 않을 수 없다.

이렇게 하나님이 개개인에게 허락하시는 특별한 은혜를 나누고 복음을 전하는 것은 매우 중요한 일이다. 개인적인 감사의 고백으로 끝날 수 있는 이 경험들을 나누는 일은 때로 많은 이에게 축복의 통로로 쓰임 받을 수 있기 때문이다. 고작 한 사람의 경험과 고백이지만 주님은 바로 그 한 사람을 통해 놀랍게 일하신다.

그러므로 너희는 가서 모든 민족을 제자로 삼아

아버지와 아들과 성령의 이름으로 세례를 베풀고

내가 너희에게 분부한 모든 것을 가르쳐 지키게 하라

볼지어다 내가 세상 끝날까지 너희와 항상 함께 있으리라 하시니라

(마태복음 28:19~20)

나
는

주
의

소
명
자

'소명', 기독교 용어로의 사전적인 의미는, 사람이 하나님의 일을 하도록 하나님의 부르심을 받는 일, 'calling'이다.

2013년 1월 둘째 주, 축복의 사람 4집인 <소명자>라는 앨범이 발매되었다. 이 찬양은 팀 파트너인 김만희의 작사, 김주일 작곡으로 만들어진 곡이다. 처음 들어 봤을 때부터 마음에 강하게 와 닿는 찬양의 가사와 멜로디였다. 만희는 2012년 고난 주간에 이 가사의 고백을 적었다고 한다. 주님의 부르심 앞에 다시금 순종하길 원하는 겸손한 소명의 고백을 말이다.

그리고 함께 음악 작업을 하던 동료 김주일 작·편곡가에게 가사를 보냈더니, 그 후 어느 주일에 전화가 걸려 와서 그 가사에 멜로디를 붙여 전화상으로 불러 줬다고 한다. 그렇게 완성된 곡이 바로 <소명자>이다.

그러니 앨범은 2013년 1월에 발매되었지만, 발매 1년 전부터 이미 타이틀 곡으로 내정되어 완성된 음악이었다. 즉 이 곡은 그 누군가에게 불리고 들려지기 이전에 우리의 고백이었던 것이다.

2001년 워킹 팀으로 찬양 사역을 시작해 13년여의 시간동안 찬양을 통해 하나님을 전하는 통로의 역할을 잘 감당하기 위해 더 많이, 더 겸손히 주님과 교제하는 시간을 가지며 내 자신을 돌아봐야 했지만, 팀 해체와 새로운 팀의 결성 등으로 많은 시행착오를 겪으며 지내 왔고 빡빡하게 짜인 스케줄에 따라 움직이며 참 많은 것들을 놓치고 살아왔던 것 같다. 그래서 정작 주님이 나에게 말씀하신 분명한 '소명'을 잊고 살았는지도 모르겠다. <소명자>라는 곡에 이러한 고백이 담겨서인지, 이 찬양을 부르는 자리마다 나에게 부어 주시는 성령님의 은혜가 더욱 컸던 것 같다.

난 주의 소명자 거룩한 예배자

주님 그 부르심 따라 내게 말씀하신 내게 허락하신

주님의 뜻 이루게 하소서

난 주의 소명자 거룩한 예배자

주님 날 인도하소서

그 말씀 따라 그 부르심 따라

이 길 걷기 원합니다.

<소명자>의 후렴구 가사이다. 이 찬양은 나의 정체성을 다시금
깨우며 내가 달려가야 할 방향을 정확히 말해 준다. 하나님이 나를
이 땅 가운데 보내시고 또 그분이 지으신 목적대로 사용하기 원하
신다는 그분의 음성을 듣게 하신 것이다. 나의 분주함으로 인해 내
가 놓치고 살았던 진짜 소명, 나의 삶 가운데 내 스스로가 매긴 우
선순위로 인해 어느 순간 저 뒷전으로 밀려나 버렸던 소명, 부르심
에 대한 분명하고 확실한 고찰 없이는 결코 이뤄질 수 없는 내 인
생의 사명.

　그런데 내가 바쁘면 바쁠수록, 분주하면 분주할수록, 이런 나의
소명은 까마득히 멀어지고 있었다. 그래서 하나님이 나를 어떤 모
습, 어떤 모양으로 부르셨는지 다시 점검해 보았다. 연약하고 부족
하지만 내 모습 그대로를 통해 역사하기 원하시는 그분의 음성에
귀를 기울였다. 거기에는 하나님이 '박요한'이라는 사람에게 주신
달란트를 통한, 분명한 '소명, calling'이 있었다.

　그것은 바로 나의 목소리를 통해 주님을 노래하는 것, 그리고 내
가 이 땅에 태어나기 전부터 나를 계획하시고 인도하신 그분의 특
별한 이야기를 통해 살아계신 하나님의 전능하고 위대함을 전하
는 것이다. 이것이 바로 하나님이 나에게 허락하신 '소명'이었던

것이다.

우리는 우리가 서 있는 삶의 자리에서 다시 한 번 소명을 발견해야 한다. 치열하고 분주한 삶 가운데 잊고 살았던 그분의 부르심을 깨달아야 한다. 나를 통해 새롭게 써 내려가실 주님의 역사서를 기대하며, 우리 각자를 부르신 주님의 음성에 귀를 기울여야 한다. 그리고 반드시 기억해야 한다! 이 글을 읽고 있는 당신이 바로 주님에게 부름 받은 거룩한 '소명자'라는 사실을 말이다.

그러나 내가 주인공이 되는 것이 아니라, 무대 위에서 박수를 받으실 분은 오직 예수님 한 분이라는 사실을 고백해야 한다. 예수님이 지극히 낮은 모습으로 철저히 섬김의 본을 보이신 것처럼 나는 죽고 예수만 사는 삶, 그러한 삶의 자세를 기억하고 우리 모두가 인생이라는 무대 위에서 예수 그리스도를 닮아가는 삶을 살아갈 때 총감독이 되시는 하나님이 우리를 더욱 확실하게 사용하실 것을 기대한다.

내가 그리스도와 함께 십자가에 못 박혔나니 그런즉 이제는
내가 사는 것이 아니요 오직 내 안에 그리스도께서 사시는 것이라
이제 내가 육체 가운데 사는 것은 나를 사랑하사 나를 위하여
자기 자신을 버리신 하나님의 아들을 믿는 믿음 안에서 사는 것이라

(갈라디아서 2:20)

동역자를 만나게 하신 계획

CCM 여성 듀오 '창문'은 1996년 팀명과 동명인 <창문>이라는 찬양으로 등장하여 <아주 먼 옛날> 등의 노래를 히트시키며 극동방송 여자가수부문 대상을 수상하기도 했던 대표적인 여성 CCM 팀이다. 1999년 이후에는 듀엣에서 박희진 누나만 솔로로 지금까지 활동하고 있는데, 1992년 콘티넨털 싱어즈 3기로 시작했던 때부터 계산하면 CCM 계의 살아있는 전설이라고 표현할 수 있을 정도이다. 내가 2001년에 첫 찬양 사역을 시작했으니 나에게는 대선배님이시기도 하다. 그래서 워킹 팀으로 찬양 사역을 시작하면서 크고 작은 무대에서 가끔씩 뵙고 인사드리는 것 외에, 긴 시간 대화를 나누거나 교제할 시간이 많지는 않았다.

그러던 중 CBS TV의 <주님의 말씀을 사모합니다>라는 프로그램에 함께 출연하게 되었다. 격주마다 만나 두 번의 녹화를 하는 방송이어서, 우리는 자주 보게 되었고 더 많은 이야기를 나누며 조금씩 친해질 수 있었다. 그러던 어느 녹화 날 잠시 쉬는 시간에 대화를 나누던 중 듣게 된 이야기는 누나를 특별하게 여기도록 만드는 사건이 되었다.

누나의 자녀들에 관한 내용이었는데, 남편 분과 함께 기도하며 예수님의 마음을 품고 키우는 둘째와 셋째 아이의 입양 이야기였다. 그 이야기를 들었을 때를 떠올려보면 나는 적지 않은 충격을 받았던 것으로 기억된다. 왜냐하면 한 명을 입양해 키우는 것도 쉬운 일이 아닌데, 두 명을 입양해 특별한 자녀로 품은 부부가 정말 대단하고 위대해 보였기 때문이다. 그리고 그 이야기는 다른 사람들에게보다 나에게 확연히 다른 느낌으로 다가올 수밖에 없었다. '아, 정말 몸소 예수님의 사랑을 실천하는 멋진 누나구나.' 이러한 감동과 은혜는 누나를 만날 때마다, 또 SNS를 통해 자녀들의 이야기를 나눌 때마다 항상 내 마음 가운데 잔잔하게 흘렀다. 그리고 누나를 만나게 해 주신 것 역시 하나님의 계획이라고 생각했다.

그 이야기를 통해 나는 새로운 찬양도 준비하게 되었는데, 그 찬양을 누나와 함께 부르면 좋을 것 같았다. 누나에게 주신 특별한 예수님의 마음, 그리고 나에게 허락하신 예수님의 그 크신 사랑을 우리 둘의 목소리로 담아낼 것을 생각하니, 진행하기 전부터 가슴이 벅차오르고 빨리 작업을 시작해야겠다는 생각을 품게 되었다.

그런데 어느 방송 녹화 날, 전혀 예상치 못한 말을 듣게 되었다. 그것은 바로 누나 가족이 곧 필리핀으로 이민을 가게 된다는 청천벽력 같은 이야기였다. '아, 이게 무슨 일이지. 누나와 곧 얘기를 나누고 같이 녹음을 하려고 했는데, 그럼 다 취소해야 하는 것인가?' 분명한 주님의 계획이라고 확신하고 있었기에 엄습해 오는 걱정과 아쉬움은 너무도 컸다.

누나 가족이 필리핀에 이민 가기로 한 날은 불과 한 달도 남지 않은 시점이었고 누나는 이민 준비로 바쁜 나날을 보내고 있었다. 그렇다고 무작정 손을 놓고 누나를 보낼 수는 없었기에 나는 기도하면서, 누나와 이야기를 해야겠다는 생각을 했다. 그리고 누나가 떠나기 5일 전, 사당 역 어느 커피숍에서 약속을 잡았다.

그날 누나는 그 자리가, 떠나기 전 친한 동생 부부와 마지막 식사를 나누는 자리라고 생각했겠지만, 나에게 전혀 생각조차 못한 이야기를 전해 듣게 된 것이다. 나는 누나에게 한참동안 계획했던 이야기를 전하기로 했다. 그리고 묻어 두었던 나의 입양 이야기도 했다. 그러는 동안 하나님이 특별하게 사랑하시고 사용하시는 누나를 만나게 해 주신 주님의 은혜가 정말 감사했고, 또 누나에게 듣게 된 입양에 관한 세심한 조언들을 통해 우리의 만남이 예비된 만남이었음에 더욱 감사했다. 나는 아쉬움과 걱정 섞인 마음으로 누나에게 함께 부르고 싶은 찬양에 대해 더 구체적으로 이야기했다. 누나와 함께 찬양을 부를 생각으로 마음 한가득 기대를 품고 있었는데, 이민을 가게 되어서 어쩌면 좋으냐고 말이다. 그런데 그때 누나가 말했다.

"야! 너 그 얘길 왜 이제야 했어!"

그러고는 덧붙였다.

"요한아, 오늘 네 이야기를 듣는데 오히려 하나님이 나를 위로하고 축복해 주신다는 마음이 들어서 너무 감사하네. 그리고 뭐가 걱정이야? 내가 오면 되지! 내가 녹음할 때 나올게! 걱정하지마!"

누나의 반응은 의외였다. '오! 할렐루야!' 이것이 바로 하나님의 방법이다. 내 머릿속으로는 아무리 고민하고 걱정해 봐도 답이 나오지 않는 문제들이, 하나님에게 맡겨지면 가능해지는 것이다. 그렇게 그날의 시간은 누나와 우리 부부 모두에게 정말 축복된 시간이었다.

누나는 현재 필리핀에 있다. 그곳에서도 주님이 공급해 주시는 만나를 먹으며 하루하루를 은혜의 고백으로 채워 갈 누나의 모습이 눈에 선하게 그려진다. 그리고 곧 만나서 함께 녹음할 날을 생각하니 다시금 마음 한가득 기쁨의 미소가 번져 간다.

또한 우리가 함께 찬양을 부를 천사들을 소개하고 싶다. 그 천사들은 바로 홀트아동복지회 소속의 '홀트 장애인 합창단'이다. 이 노래가 흘러가는 곳마다 예수님의 향기가 퍼져 나가길 기도한다.

그리고 이 노래를 듣는 많은 이들에게 회복의 은혜가 일어나길 기도한다. 그것이 바로 우리를 향한 예수님의 끝없는 사랑이기 때문이다.

개인적으로 나는 땀 흘리며 운동하는 것을 참 좋아한다. 공으로 하는 운동들을 특히 좋아하는데 그중에 야구는, 사회인 야구팀에서 일주일에 한 번씩 경기를 할 정도로 좋아하는 운동이다. 그런데 모든 단체 운동이 그렇겠지만 야구 역시 협동이 중요한 경기이다. 어느 한 명만 잘한다고 해서 절대로 승리할 수 없다. 팀원 아홉 명 전원이 고루 성실하고 책임있는 경기력을 보여 주어야만 승리의 공식을 성립할 수 있는 팀 스포츠이기 때문이다.

물론 선발투수의 역할이 매우 중요하겠지만, 때때로 선발투수가 마운드에서 불안감을 보일 때는 내외야의 수비진들이 빈틈없는 완벽한 호수비를 보여 주어 실점 없는 경기를 진행할 수도 있다. 또한 타자들이 타선에서 힘을 실어 주어 득점을 한다면 투수의 어깨는 훨씬 더 가벼워질 것이다.

스포츠에서 협동이 중요한 만큼 우리 인생에서도 든든하게 힘을 실어줄 수 있는 귀한 믿음의 동역자들을 주님은 만나게 해 주신다. 나에게도 하나님이 이러한 믿음의 동역자들을 만나게 해 주셨다. 나의 부족함과 연약함으로 지치고 넘어져 있을 때 위로와 격려로 힘을 실어 주는 믿음의 동역자! 하나님 나라를 협력과 사랑으로 함께 만들어 갈, 주님이 맺어 주신 동역자들이다. 그러므로 우리는 이

민음의 동역자들과 바로 지금 이 땅에서 하늘나라의 모습을 실현해 나가고 있는 것이다.

내게 능력 주시는 자 안에서 내가 모든 것을 할 수 있느니라

(빌립보서 4:13)

모
세
와

3
8
년

된

중
풍
병
자

성경에는 수많은 사건과 사고들이 있다. 하지만 그 모든 사건 가운데에는 분명 예수님이 전하고자 하시는 핵심 메시지가 들어 있다. 그래서 성경 속에서 수많은 스토리를 통해 은혜를 발견하면 마치 보물찾기와도 같은 흥미진진함과 감동이 느껴지는 듯하다. '모세와 38년 된 중풍병자' 이야기에는 과연 어떤 의미가 있을까?

사실 이 책을 써 내려가면서 아주 오래전 교회학교 시절 때부터 배워 왔던 성경 속 인물들과 사건들이 하나하나 떠오르는 신선한 경험을 했다. 성경의 많은 이야기가 마치 나의 이야기처럼 생생하게 다가왔던 것이다.

우리는 모세의 이야기를 아주 잘 알고 있다. 애굽에서 태어난 모세는 당시 애굽 왕 바로에 의해 행해진, 갓 태어난 히브리 남자 아기 말살 정책 때문에, 태어나자마자 바구니에 담겨 나일 강가에 버려진다. 버려진 모세는 우연히 바로의 딸에 의해서 구해졌고, 그녀는 아기 모세를 애굽 궁정에서 키우게 된다. 모세가 강에서 구해진 것은 결코 우연한 사건이 아니라 하나님의 놀라운 섭리와 계획의 진행 단계였다. 따라서 훗날 이스라엘 백성들은 모세를 통해 출애굽을 하게 되고 그는 민족의 지도자로 쓰임 받고 사용되어지는 인생을 산다.

하나님 손에 붙들리면 인생이 바뀐다. 죽을 수밖에 없는 인생에서, 버려진 인생에서, 제일 밑바닥 인생에서, 포기와 좌절의 끝에서 말이다. 나의 노력으로, 준비로, 열정으로는 분명 한계가 있다. 언젠가는 내 힘으로 내 능력으로 해내지 못하는 부분 때문에 '벽'에 부딪히고 마는 것이다. 그러나 온 우주 만물을 창조하신 하나님이 나의 아버지가 되어 주시고, 그분이 내 인생 최고의 백그라운드가 되어 주신다고 자처하신다. 그러니 그분을 외면하며 살 이유는 절대로 없다.

'밑져야 본전'이라는 말이 있다. 그러나 살아계신 하나님을 만나게 되면, '스쳐도 대박'이 된다! 나는 여전히 하나님을 모르는 많은 사람들에게 이 이야기를 꼭 전해 주고 싶다. 성경 속 사건이, 먼 역사 속 인물의 이야기가, 나와 상관없는 위인전 같은 이야기가 아니라 아주 오래전부터 사람의 영혼을 통하여 역사하시는 하나님의 이야기이며 그 이야기가 바로 지금 우리 가운데에도 함께하시는 하나님에 의해 진행되고 있으며, 역사되어지고 있다는 사실을 말이다.

버려진 인생, '고아'라는 꼬리표를 달고 제일 밑바닥에서 살아갈 수도 있었지만 살아계신 하나님이 그 능력의 손으로 나를 건져 주셨다. 그리고 주님이 허락해 주실 자녀를 위해 기도로 준비하신 믿음의 부모님을 만나게 하셨던 이야기, 그리고 그 이야기의 주인공이 '나'라는 사실에 그저 감격할 수밖에 없다. 그러나 이것은 비단 나뿐만이 아닌 우리 모두가 부여받은 복을 의미한다. 살아계신 하나님의 놀라운 계획 가운데 살아가는 우리이기에 그 능력의 손이 우리의 인생을 책임지시는 것이다.

그 크신 하나님의 사랑
말로 다 형용 못하네
저 높고 높은 별을 넘어 이 낮고 낮은 땅 위에
죄 범한 영혼 구하려 그 아들 보내사
화목제로 삼으시고 죄 용서하셨네
하나님 크신 사랑은 측량 다 못하며
영원히 변치 않는 사랑 성도여 찬양하세

몇 해 전 한 찬송가 앨범 녹음에 참여해 이 찬양을 부른 적이 있다. 어린 시절부터 자주 불러 왔기 때문에 늘 익숙했던 곡조와 가사였다. 그런데 녹음을 하기 전 음악에 맞춰 연습하는 내내 마음에 울려 퍼지는 음성이 있었다. 그것은 바로 나를 향한 그 크신 하나님의 사랑의 음성이었다. 녹음실에 들어가 본격적으로 노래 녹음을 하는데, 어찌나 눈물이 나던지, 그때 불렀던 노래를 들어 보면 주체할 수 없는 눈물을 끝내 참아 가며 부른 느낌이 그대로 담겨 있다. 어찌 이 고백을 담담함으로 부를 수 있을까? 어찌 이 노래를 의연하게 부를 수 있을까?

앞으로 내 인생의 여정 가운데 드려지는 찬양도 그럴 것이다. 눈물 없이는 드릴 수 없는 찬양의 고백이기 때문이다. 나를 지으시고 내 이름을 아시는 예수님, 내 모든 눈물을 닦아 주기 원하시는 아바 아버지의 그 크신 은혜, 나는 그 은혜를 평생 노래하는 자가 되고 싶다.

지금 내 나이는 38세이고, 만으로는 36세이다. '서른여덟'이라는 나이를 생각하는 순간 성경에서 또 한 명의 인물이 떠오른다. 바로 38년 된 중풍병자이다. 예수님으로부터 고침을 받은 한 중풍병자의 사건을 우리는 잘 알고 있다. 38년이라는 시간동안 베데스다 연못에서 병이 치유되기만을 간절히 바라던 한 병자의 소원! 병자의 관심은 단 한 가지로, 천사들이 내려와 물이 동하게 되는 그때 처음으로 들어가 병 고침을 받고 깨끗함을 입는 것이었다. 그는 전설로 내려오는 그 이야기 속에서 치유의 주인공이 되기 위해 언제가 될지 모르는 그 숱한 날을 얼마나 더 기다려야 할지 모른 채 견뎠을 것이다. 그러던 중 예수님이 그에게 친히 다가가 말씀하신다.

"네가 낫고자 하느냐?"

그러나 예수님의 질문에 병자는 우매한 답변을 하게 된다. 그러자 예수님은 재차 말씀하신다.

"네 자리를 들고 일어나라!"

그리고 38년 된 병자는 그 자리에서 일어나게 된다. 이 병자를 포함해 모든 질병으로 고통 받는 사람들이 베데스다 연못의 전설과 물의 흐름에만 집중할 때 예수님은 그 병자에게 다가가셔서 병을 고쳐 주셨다.

이 이야기를 떠올리면서 스스로의 힘으로는 그 어떤 것도 해낼 수 없는, 전혀 움직일 수조차 없는 중풍병자가 바로 나 같다는 생각을 했다. 38년의 시간동안 스스로 나의 정체성을 제한하고 가둬두어 옴짝달싹할 수 없는 삶을 살아온 것 같다. 그렇게 스스로를 가두고 그 안에서 만족하며 나에게도 과연 막연한 기적이 일어날까 하고 하염없는 기대만 가지고 있을 때 예수님이 찾아와 나의 고정된 삶 가운데에서 "그 자리를 들고 일어나라"며 강력히 말씀해 주시는 것 같았다.

"네가 낫고자 하느냐?"라는 예수님의 질문이 나에게는 "네가 주님이 지으신 계획대로 쓰임 받고자 하느냐?"라는 음성으로 들려온 것이다. 그러므로 이제 나에게 가장 중요한 것은 그분의 음성과 인도하심에 '순종'하는 것뿐이다. 혹시라도 내 머릿속에 어떤 인간적인 계획들이 세워진다 한들, 그것이 무슨 소용 있겠는가? 하나님의 계획 가운데 부르심을 받고 깨달음을 얻게 된 후 내가 할 수 있는 것은 오직 한 가지, 나를 지으신 이의 목적에 순종하고 그 길을 따라가는 것뿐이다.

그래서 나는 두렵고 떨리는 마음으로 주님의 인도하심을 기다린다. 그리고 그 음성에 나의 온 인생을 바쳐 순종하는 것, 그것이 내가 할 수 있는 최고의 반응일 것이다.

순종에 대한 성경의 예가 있다. <사무엘상> 15장 22절에서 사무엘 선지자는, 하나님에게 제사를 드리기 위해 아말렉의 가축들을 끌고 왔다며 변명을 하는 사울 왕에게 순종이 제사보다 낫다는 말을 한다. 그리고 제사의 본질에 대해 명확하게 이야기한다.

외적인 제사는 단지 숫양의 피와 기름에 불과한 것이지만, 마음에서 비롯된 내적인 순종은 그 사람의 전 인격적인 요소가 담겨 있는 것이므로 비교할 수 없는 가치가 있다는 것이다.

이처럼 하나님은 외모를 보지 않으시고 순종하는 우리 마음의 중심을 보시는 분이다. 그러므로 진짜 순종은 보여지는 모습이 아닌 우리 심령 깊은 곳의 내적인 순종, 즉 마음을 드리는 것이다.

아버지께 참되게 예배하는 자들은

영과 진리로 예배할 때가 오나니 곧 이 때라

아버지께서는 자기에게 이렇게 예배하는 자들을 찾으시느니라

하나님은 영이시니 예배하는 자가 영과 진리로 예배할지니라

(요한복음 4:23~24)

하
나
님
의

응
답

"그런즉 너희는 먼저 그의 나라와 그의 의를 구하라 그리하면 이 모든 것을 너희에게 더하시리라" <마태복음> 6장 33절 말씀이다.

워킹 팀에 이어, 축복의 사람으로서 찬양 사역자의 삶을 살아오던 2007년, 나에게 새로운 도전이 시작되었다. 그것은 바로 교육 전도사로서의 첫 사역이었다. 교육 전도사의 사역은 지금까지 해왔던 찬양 사역과는 달라도 너무 달랐다. 제일 큰 차이는 바로 중·고등부 아이들 앞에서 '설교'를 해야 한다는 것이었다. 설교를 늘 듣고 들어도 제대로 된 깨달음을 얻지 못하는 것 같은 나인데, 이렇게 부족한 사람이 설교를 해야 한다는 것이 큰 부담과 걱정으로 다가왔다. 처음 아이들과 만나 설교를 했을 때는 어떻게 예배 시간이 흘러갔는지 제대로 기억이 안날 정도로 진땀을 뺐다. 그렇게 한 주, 한 주가 흘러갔다.

교육 전도사의 사역은 전국 방방곡곡의 교회로부터 초청을 받아서 가는 찬양 사역과 너무나 달랐다. 찬양 사역자를 초청하는 교회 공동체나 단체는 기본적으로, 기대와 찬양에 대한 간절함이 있어서 그곳에 모인 분들 앞에서 집회를 인도하며 찬양할 특별한 준비가 없어도 함께 예배할 수 있고, 어느 때는 오히려 내가 더 큰 힘을 받고 돌아오기도 한다. 그런데 매 주일 교회 예배당에 모이는 중고등부 친구들에게 예배란 딱딱하고 재미없는 시간일 수도 있다. 설교 시간은 턱이 빠질 정도로 하품을 하게 만드는 따분한 시간이며, 예배에서 부르는 찬양들도 아이들이 즐겨 듣는 노래들과는 전혀 다른 것이기 때문이다. 그래서 내 앞에 놓인 전도 사역의 상황은 지금껏 내가 경험했던 사역의 환경들, 그리고 대상들과는 확실히 다른 것이었다. 그렇게 한 주, 한 주 설교를 준비하는 시간은 부담되고 두렵고 떨리는 마음으로 흘러갔다. 그런데 참으로 신기한 것이, 그럼에도 불구하고 아이들을 만나 함께 찬양하고 말씀을 전할 생각을 하면 자꾸 기대가 생기는 것이었다.

지나고 보니 그것은 보람이었다. 예배를 준비하는 아이들의 태도나 모습이 단시간에 쉽게 바뀌지는 않았지만, 아주 조금씩 나를 향해 마음을 열어가는 친구들의 변화를 느낄 수 있었고, 조심스럽게 찬양을 따라 부르며 설교 시간에 눈동자를 맞추어 가는 모습들, 두 손을 모으고 두 눈을 질끈 감은 채 기도하는 모습들을 보는 것은 나에게 새로운 경험이었다.

이렇게 시작된 설교 사역은 7, 8년 간의 찬양 사역에 부어 주신 하나님의 은혜에 비길 만한 감사의 고백들을 하게 해 주었다. 그런데 매주 은혜의 고백들을 하던 중 나에게 고민이 하나 생겼다. 금요 기도회와 주일예배를 드리며 찬양 인도와 기도회 인도까지 하다 보니 정작 나 혼자만의 기도에 목마르게 되는 것이었다.

내 안에도 기도 제목이 백만 가지 이상인데 교회 공동체에서 특별히 함께해야 할 기도, 나라와 민족을 위한 기도, 환우 분들을 위한 기도를 하기에도 시간이 벅찼다. 그래서 매 예배를 마치고 돌아오는 길에 예배를 통한 감사와 기쁨은 있었지만 마음 한구석에는 '나도 부르짖어 기도하고 싶다.'는 아쉬움이 공존했다. 특히 개인적인 몇 가지 기도 제목 중, 기독교 방송 출연에 대한 간절한 바람이 있었기 때문에 그 조바심은 더더욱 커져 갔던 것 같다.

그러던 중 여느 때와 다름없는 어느 금요일, 금요 기도회 시간 중 찬양을 부르며 함께 기도를 드리는 시간이었다. 그리고 함께 드릴 기도 제목을 나누려던 찰나, 불현듯 떠오르는 성경말씀이 있었다.

"그런즉 너희는 먼저 그의 나라와 그의 의를 구하라 그리하면 이 모든 것을 너희에게 더하시리라" 이 <마태복음> 6장 33절 말씀은 어린 시절부터 자주 들어 왔던 친근한 말씀인데, 그 순간 나에게 주시는 하나님의 말씀으로 들려 왔다. 때마침 기도 제목들이 나라와 민족을 위해, 이 나라의 위정자들을 위해, 그리고 분단된 이 땅을 위한 것이었는데 <마태복음> 6장의 말씀이 확실하고도 분명하게 새겨진 것이다.

'그래! 내가 이 시간에 다른 것은 구하지 말고 하나님 나라와 하나님의 의를 위해서만 간절히 기도하자! 하나님은 내가 그렇게 기도하시기를 간절히 원하고 계시는구나.'

이 나라 대한민국을 위한 하나님의 마음, 이 땅을 향한 하나님의 뜻, 하나님의 마음을 생각하고 지혜를 구하며 이 땅을 다스려야 할 위정자들, 세계 유일의 분단국가인 이 민족, 억압과 기근 가운데 죽어가는 북한 동포들을 위한 기도.

사실 이 기도들은 매주 하던 기도 제목들이었지만, 때때로 나도 모르는 사이 형식적인 고백이 되기도 했다. 그러나 그날은 이 모든 기도들이 더욱 특별한 의미로 다가와 더 간절하고 뜨겁게 부르짖으며 기도할 수밖에 없었다.

그 후 매 예배 때마다 하나님이 내게 주신 마음을 강하게 붙잡고 하나님 나라와 하나님의 의를 위해 전심으로 기도하는 시간들이 이어졌다. 그렇게 한 달이 흘렀을까? 하나님은 참으로 신실하고 정확하신 분이다.

기독교 방송사에서 전화가 왔는데 한 곳도 아니고 세 곳에서 동시에 온 것이다. '할렐루야!' 세 방송사에서 방송을 진행하고 출연하게 된 것이다. 그것은 바로, 꾸준히 내 마음 한 구석에 품고 있었던 소원들을 이루어 주시는 '센스쟁이' 하나님의 선물이었다. 이 모든 것을 더해 주시는 하나님은 진짜 '플러스'의 하나님이시다.

주님은 모든 것을 참으며 모든 것을 믿으며 모든 것을 바라며 모든 것을 견디는 것이 사랑이라고 가르쳐 주신다. 이것이 곧, 우리가 삶의 순간마다 이해할 수 없는 일을 만나도 감사할 수 있는 믿음의 고백이 늘 필요한 이유일 것이다.

"나 염려하지 않아도 내 쓸 것 아시니 나 오직 주의 얼굴 구하게 하소서 다 이해할 수 없을 때라도 감사하며 날마다 순종하며 주 따르오리다"

하나님에게 드리는 기도의 응답에 대해 우리는 가끔 우리의 생각대로 해석하는 경향이 있다. 때로는 우리의 기도에 하나님이 아무런 응답을 하시지 않는다고 생각할 수도 있다. 기도를 하면서 오랜 시간이 지나도 변화가 없는 것처럼 느껴지기 때문이다. '하나님은 나의 기도를 듣지 않으시는 걸까?', '나의 기도에 무슨 문제가 있는 걸까?' 답답한 마음에 무수한 질문들이 쏟아질 때도 있다. 그럴 때는 조급한 마음에, 하나님의 때가 언제인지 정확히 알 수만 있다면 좋겠다는 생각이 든다.

그러나 어떤 대가나 보상을 바라는 것이 아니라 그저 하나님의 때를 기다리며 그분이 잠잠하라고 하시는 음성에 순종할 수 있으면 얼마나 좋을까? 그래서 주께 달려가는 우리의 인생길을 믿음의 경주로 표현하는지도 모른다.

　힘들고 지칠때 선두에서 잠시 이탈하더라도, 한 템포 늦추고 쉬어 가며 다음 경주를 준비하는 마음의 여유가 필요하다. 그리고 하나님의 뜻을 기다려야 한다. 신실하신 하나님은 반드시 우리와 하신 약속을 지켜 주신다.

여호와 앞에 잠잠하고 참고 기다리라

자기 길이 형통하며 악한 꾀를 이루는 자 때문에 불평하지 말지어다

(시편 37:7)

—
마
치
는

글

상처가 감사의 고백이 되는 순간

이 책을 써 내려가는 동안에도 바쁘게 일하시는 하나님의 섭리를 경험하고 있습니다. 매 순간순간 새로운 책의 내용들을 진행해 가시는 하나님의 현재 진행형 역사하심이 그저 놀랍고 경이로울 따름입니다. 그리고 지금은 여전히 보이지 않지만, 앞으로도 하나님 능력의 손으로 하나씩 맞춰 가실 제 인생의 퍼즐 조각들을 기대하게 됩니다.

바로 그것이 '하나님의 열심'일 것입니다. 저는 책의 한 페이지 한 페이지를 채우며 그 어떤 작은 부분들도 숨길 수 없었습니다. 그리고 약할 때 강함이 되시는 주님을 더욱 붙잡게 되었습니다. 또한 이제는 제 인생의 시간동안 꽁꽁 싸매고 지냈던 상처들이 오히려 감사의 고백이 되었음으로 찬양을 드립니다.

제 출생 이야기는 거창하고 대단한 이야기가 결코 아닙니다. 우리가 살아가는 인생길에서 스쳐 지나며 접할 수 있는 이야기, 또는 한 번씩은 들어 봤을 법한 이야기일 것입니다. 하지만 제가 이 책을 통해 전하고 싶은 가장 중요한 이야기는 저의 인생을 책임지고 주관하시는 하나님의 이야기입니다.

그분은 먼 역사 속의 전설이나 설화 속 주인공이 아닙니다. 바로 지금도 우리 곁에서 함께 하시고 우리의 모든 연약함을 아시는 가장 가까운 분이십니다. 내가 근심할 때 함께 아파하시고, 내가 기뻐할 때 펄쩍 뛰시며 나보다 더 행복해 하시는 분!

그분을 만나면 인생이 바뀝니다. 그분을 경험하면 한계를 뛰어넘을 수 있습니다. 그분이 함께 하시면 내가 할 수 없는 일, 내가 갈 수 없는 곳을 다닐 수 있습니다. 그분을 나의 주인으로 모시는 순간, 나는 노예가 아닌 천지 만물을 창조하신 왕 중의 왕! 하나님의 자녀가 됩니다.

"나의 슬픔을 주가 기쁨으로 변화시키시네 잠잠할 수 없네 기뻐 춤추며 찬양해"

저는 왕 되신 나의 하나님의 놀라운 은혜를 입은 '빚진 자'입니다. 그리고 그 빚을 갚는 자로 평생을 살아갈 것입니다. 빚을 갚아

가는 저의 삶은, 결코 고된 삶이 아닌 은혜의 삶입니다. 큰 기대가 넘쳐 나는 삶이고 특권이며 감사한 일입니다.

여전히 하나님을 만나지 못한 채 긴 고통의 터널을 걸어가는 사람들이 많이 있습니다. 저는 그 고통의 쳇바퀴를 돌며 살아가는 영혼들을 만나고 싶습니다. 왜냐하면 저 또한 상처 받은 인생을 살아갈 수밖에 없었기 때문입니다. 하지만 하나님의 손길이 저를 구원해 주셨기 때문에 제 인생길이 그분의 계획 가운데 새롭게 쓰였습니다.

또한 아이를 입양 보내어 평생 가슴 한 구석에 그 이야기를 아픔으로 묻어 두고 살아가실 부모님들을 위해서 기도합니다. 얼마나 힘겹게 고통의 눈물을 흘리며 내린 결정이었을까요? 무수한 세월이 흘렀다고 할지라도 여전히 그 아픔이 아물지 않은 채 살아가고 계실지도 모릅니다. 저는 그분들께 이 지면을 빌어 부탁드리고 싶습니다. 죄책감과 자책으로 보내는 시간 대신 자녀를 위해 진심으로 기도해 주세요. 비록 평생 다시는 만나지 못할 수 있지만, 부모님이 드린 간절한 기도를 통해 시간과 공간을 초월하시는 한계가 없으신 주님이 여러분의 자녀를 책임져 주실 것입니다. 여러분의 애통해 하는 기도를 들으시고 자녀를 반드시 '축복의 사람'으로 만들어 주실 것입니다.

예수님이 고아와 과부, 나그네들을 특별히 더 돌아보시고 사랑하신 것처럼 저 또한 그분의 낮아지심과 헌신을 따라가는 삶을 살고 싶습니다. 세상은 가진 자의 편을 들고, 그들에게 손을 들어 주지만, 살아계신 하나님은 철저히 가난한 자의 편이시며 그 애통함과 부르짖음을 들어주시는 분입니다.

그분의 손길이 닿는 곳마다 모든 어둠이 물러가고 밝은 빛이 전해질 줄 믿습니다. 그 거룩한 빛으로 저는 찬양 사역자가 될 수 있었습니다. 그래서 저는 제 찬양이 흘러가는 곳마다, 제 이야기가 전해지는 곳마다 오직 살아계신 하나님만 드러나며 높아지길 기도합니다.

우리를 어머니의 뱃속에 짓기 전부터 계획하시고 특별히 구별해 주신 하나님이 지금 당신을 온 열방의 통로로 사용하기 원하십니다.

내가 너를 모태에 짓기 전에 너를 알았고

네가 배에서 나오기 전에 너를 성별하였고

너를 여러 나라의 선지자로 세웠노라 하시기로

(예레미야 1:5)

가슴으로 낳아 주시고 키워 주신 아버지께

    사랑하는 아버지

저의 고백이 세상에 나오기까지 사실 아버지가 가장 마음에 걸렸답니다. 이 부분은 저의 고백만이 아닌, 아버지 인생의 중요한 비밀이기도 하니까요.

하지만 38년이라는 시간동안 피를 나눈 친자식보다 더 큰 예수님 보혈의 사랑으로 저를 키워 주셨기에 저는 아버지의 그 사랑에 감사함으로 고백하고 싶었답니다.

    아버지,

오랜 시간 방황하던 저로 인해 아버지는 너무나 긴 고통의 터널을 지나오셨으면서도 끝까지 참고 인내하시며 인격적으로 저를 품어 주셨습니다. 그 순간들이 있었기에 제가 이 자리까지 올 수 있었다고 생각합니다. 이제는 제가 자녀를 키우는 아버지가 되어 보니 저를 향한 아버지의 큰 사랑이 더욱더 절절히 느껴집니다. 과연 저라면 그럴 수 있었을까요?

살아계신 하나님이, 제가 태중에 만들어지기 전부터 아버지를 축복의 통로로 이미 계획하시고 사용하셨다는 사실에 다시 한 번 감사와 찬양을 드립니다.

아버지,

아버지가 제게 보여 주신 것은 예수님의 위대한 사랑입니다. 앞으로도 변함없이 오래오래 하나님이 사용하시는 축복의 통로로 쓰임 받으시길, 이 아들이 늘 응원하고 기도합니다!

아들 요한 올림

요한의 고백

초판 1쇄 발행 ㅣ 2019년 5월 25일
개정판 1쇄 인쇄 ㅣ 2024년 7월 12일
개정판 1쇄 발행 ㅣ 2024년 7월 13일

지은이 ㅣ 박요한
펴낸이 ㅣ 박대용
펴낸곳 ㅣ 도서출판 징검다리

등록 ㅣ1998. 4. 3. No.10-1574
주소 ㅣ 경기도 파주시 산남로 85-8
전화 ㅣ 031)957-3890,3891   **팩스** ㅣ 031)957-3889
이메일 ㅣ zinggum0215@daum.net

디자인 ㅣ 오브디자인 ovdesign.kr
ISBN ㅣ 978-89-6146-178-8 (03230)